내 어머니가 본
천국과 지옥

| 김성규 지음 |

쿰란출판사

추천사

　고(故) 강정님 권사님의 특별한 영적 체험인 입신을 기록한 책 《내 어머니가 본 천국과 지옥》은 우리에게 영적 세계의 높고 깊은 무궁한 세계를 펼쳐 보입니다. 이런 특별한 영적 체험은 먼저는 하나님의 은혜요, 가장 어려운 시기에 배고픔을 견디면서 목회자를 헌신과 희생으로 내조하신 그리고 6남 3녀의 자녀들을 다섯 아들은 목회자로, 두 딸은 권사로, 막내딸은 목사 부인으로 사랑과 눈물의 기도로 키워 낸 믿음의 장한 어머니에게 주신 성령 하나님의 특별한 은혜의 선물이라 생각합니다.

　성경은 우리에게 주신 은사가 각각 다름을 이렇게 말씀합니다.

　"나는 모든 사람이 나와 같기를 원하노라 그러나

각각 하나님께 받은 자기의 은사가 있으니 하나는 이러하고 하나는 저러하니라"(고전 7:7).

은사는 이처럼 각각 다릅니다. 그러나 은사를 주신 목적은 동일합니다. 하나님이 우리에게 은혜의 선물인 은사를 주신 것은 단순히 우리의 신앙의 내적 확신, 평안, 위로만을 위함이 아니라 주님의 구원을 선포하며 그리스도의 몸 된 교회를 든든히 세우고 이웃을 섬기고 돕기 위함입니다. 따라서 은사는 바로 소명(召命)이며, 사명입니다.

이 책도 영적 체험을 하실 때에는 그만한 배경이 있음을 말하고 있으며 그리고 영적 체험을 통하여 주신 신앙과 삶의 교훈이 있음을 보여주고 있습니다.

이 책을 통하여 오늘 우리 시대에 주신 하나님의

메시지가 무엇인가를 깨닫고 성도로서 바른 신앙생활과 그리고 복음전파에 더욱 힘쓸 수 있기를 바랍니다.

호남신학대학교 명예총장

황승룡

추천사

　사람을 움직이는 대표적인 힘은 소망과 두려움입니다. 그래서 세상에서도 사람을 움직이기 위해 당근과 채찍을 사용하는 것입니다. 물론 사랑도 사람을 움직이지만 이때도 사랑하는 사람에게 유익이 되거나 해가 되지 않도록 움직입니다. 결국 소망과 두려움이 사람을 움직이는 것입니다. 소망과 두려움이 클수록 사람을 더 강하게 움직일 수 있습니다.

　하나님도 사람을 움직이기 위해 소망과 두려움을 사용하십니다. 성경을 보십시오. 하나님께 순종하면 상을 주신다는 말씀과 순종하지 않으면 벌을 내리신다는 말씀이 얼마나 많이 나옵니까? 그런데 우리에게 가장 큰 소망과 두려움은 천국과 지옥입니다. 그래서 우리가 천국의 소망과 지옥의 두려움을 알게 되면 정말 신앙생활을 잘할 수 있습니다. 우리의 선조들이 목숨을 걸고 믿음을 지키며 하나님 뜻에 순종한 것도 천국에 대한 소망과 지옥에 대한 두려움 때문 아니었습니까? 그래서 예수님도 천국의 소망과 지옥의 두려움에 대해 그렇게 많이 말씀하신 것입니다.

그러나 안타깝게도 지금 우리는 천국과 지옥에 대한 소망과 두려움을 많이 잃어버린 것 같습니다. 아마도 현대인들이 이성적이고 합리적인 것을 좋아하기 때문 아닌가 싶습니다. 아울러 그동안 많은 거짓 선지자들이 천국과 지옥에 대해 거짓말을 하며 성도들을 현혹했는데 이것이 천국과 지옥에 대한 신뢰를 많이 떨어뜨린 것 같습니다.

하지만 천국과 지옥에 대한 믿음은 신앙생활에 아

주 중요합니다. 우리는 천국과 지옥에 대해 자주 들어야 하고 많이 생각해야 합니다. 그래야 신앙생활을 잘 할 수 있기 때문입니다. 이런 시기에 김성규 목사님의 저서 《내 어머니가 본 천국과 지옥》이라는 책이 출판된 것은 우리에게 큰 도움이 될 것입니다.

이 책은 기존의 천국과 지옥에 대한 간증들에 비해 상당히 신뢰할 만합니다. 첫째, 저자인 김성규 목사님이 신뢰받는 목회자라는 것입니다. 예수님은 행위로 거짓 선지자를 분별할 수 있다고 하셨는데 김 목사님은 행위로 인정받는 종입니다. 둘째, 책의 내용이 인간의 호기심을 만족시키기 위한 책이 아니라는 것입니다. 이 책은 아주 단순합니다. 천국이나 지옥에 대한 묘사가 많지 않습니다. 독자의 호기심을 만족시켜 돈을 벌거나 독자를 현혹하려는 책이 아닌 것입니다. 셋째, 이 책의 내용이 기본적으로 성경의 가르침과 잘 맞는다는 것입니다. 김성규 목사님은 책의 부록에서 성경과 다른 계시는 절대 받아들일 수 없다고 고백합니다.

다만 독자가 유의해야 할 게 두 가지 있습니다. 첫째, 간증은 구체적인 체험이기 때문에 간증의 내용이 교리가 될 수는 없다는 것입니다. 예를 들어, 새벽기도회에 나가서 기도하여 병이 나았다고 해도 그 체험을 근거로 새벽기도회에 나가서 기도하면 병이 낫는다는 교리를 만들 수는 없습니다. 강 권사님의 천국 체험이 진실한 간증이지만 이 간증으로 천국에 대한 교리를 만들 수는 없습니다. 교리는 성경을 근거로 만들어야 합니다. 둘째, 성경 말씀에는 문자적으로 이해해야 할 표현도 있고 상징적으로 이해해야 할 표현도 있습니다. 그렇다면 강 권사님의 간증 중에도 상징적으로 이해해야 할 내용이 있을 것입니다. 이런 점을 고려하여 이 책의 간증을 지나치게 문자적으로만 해석하는 것은 피해야 할 것입니다.

많은 분들이 이 책을 통해 천국의 소망과 지옥의 두려움을 새롭게 하고 지금도 지켜주시는 하나님을 더욱 신뢰하며 믿음을 굳게 지켜 천국의 영광에 들어갈 수 있기 바랍니다.

한일장신대학교 총장
오덕호

추천사

　이 책을 쓴 김성규 목사님은 가난한 목회자의 아들로 태어나 청소년 시절에는 목회의 사역을 누구보다도 반대하던 분이셨다. 청렴한 전도사 생활을 하시던 아버님의 목회생활 제안에 혈서를 써놓고 군대에 갈 만큼 목회라는 말은 그에게 부담이 되는 악성코드였다.

　그런데 그분이 마치 사울이 바울로 변화를 받았던 것처럼 이제는 농촌목회를 하겠다고 서원을 하고 지금까지 농촌을 떠나지 않고 목회를 하시면서 동시에 거대한 C대륙 소수민족을 찾아 매년 두 차례씩 정기적으로 누비시면서 전도의 열정을 쏟으시는 것을 보면 성령님의 강한 역사를 그에게서 보게 된다.

　이 책은 그분의 육신의 어머님이시자 신앙의 어머

니이셨던 고 강정님 권사님의 입신 간증을 모은 책이다. 입신이라고 하면 신앙생활을 하고 있는 대부분의 사람들에게는 왠지 부정적인 선입견이 먼저 떠오른다. 사실 내게도 입신에 대한 부정적인 경험이 있어 왔다. 그러나 이 책을 통해 강정님 권사님의 간증을 읽으면서 입신에 대해 다시 한 번 생각하게 되었고, 성경에 나오는 다양한 은사 중의 하나라는 것으로 이해하게 되었다.

우리가 믿는 하나님은 천지를 창조하시고 지금도 살아계셔서 역사하시는 분이시기 때문에 죽은 자를 살리시고, 귀신을 쫓아내시고, 병든 자를 고치시면서 인간의 생사화복을 주관하시는 분으로 믿어야 하지 않을까? 또한 하나님이 필요하시면 특별한 사람들을 통해 사람들이 믿지 못하는 기적과 이상을 분명하게 보여주신다는 것이었다. 그리고 이런 권능이 목회자들에게 주어지지 않았다면 사신우상에 찌들어 있던 대한민국 이 땅에 주님의 교회가 어떻게 존재할 수 있었을까 하는 생각도 해본다.

이 책을 접하면서 느낀 점은 우선 천국과 지옥에 대한 확신이었다. 현재 자유주의 신학 경향은 성경의 내용을 부인하고 시작하기 때문에 인간의 이성적이며 합리적인 사상과 판단에 깊이 빠져 있다. 천국과 지옥이 없다면 이 세상은 강자가 지배하는 논리에 휩싸이게 된다. 최근 우리가 접하고 있는 테러리스트들의 공포가 전형적인 지옥을 연상케 하는 부분이다.

천국은 어떠한 곳인가? 성경적으로 주님이 계신 곳이다. 주거환경이 열악했던 1960년대 시골교회 찬마룻바닥에서 방석을 깔고 많이 불렀던 "초막이나 궁궐이나 내 주 예수 계신 곳이 그 어디나 하늘나라"이다. 그곳은 강정님 권사님이 입신상태에서 말씀하셨던 것처럼 "영광스런 곳"이다. 이것은 인간의 말로 어떻게 표현할 수가 없다. 그림으로 표현된다면 지상의 생활과 비교해서 면류관, 천상의 음악, 천사의 호위, 백합화, 유리바다, 생명과일, 끌리는 흰옷 등이다.

이 책을 읽고 독자들에게 적극 권하면서 한 가지 알게 된 것은 저자 김성규 목사님의 C선교를 향한 복음의 열정에 관한 한 가지 비밀이었다. 필자는 한

일장신대학교의 빚진 자 대학생선교회(DSM) 지도교수로서 김 목사님의 C국 선교에 대한 열정을 학생들에게 심어주기 위해 여러 번 특강을 부탁드린 적이 있다. 그때마다 기꺼이 오셔서 복음의 오지였던 그곳에서 역사하신 성령님의 역사를 간증해주셨는데 그 결과가 오늘의 선교열매로 맺어지게 된 것으로 파악이 된다. 얼마 후 그 나라가 세계제일의 기독교인을 보유한 나라가 된다는 통계가 나와 있다.

　이 책을 통해 독자들은 주님 오실 날이 멀지 않았다는 확신을 더 갖게 될 것이다. 세계는 지금 테러에 의한 공포에 빠져 있다. 이것은 분명 시대의 징조를 알라고 경고하신 주님의 말씀이다. 그럼에도 불구하고 오늘의 기독교인들은 세상 것들에 취해 올바르게 갈 바를 모르고 헤매고 있다. 더욱이 안타까운 것은 영적인 지도자들이 복음전파는 뒷전에 놔둔 채 세상의 권력과 돈과 명예를 쫓아 다니고 있으니 주님이 피 흘려 세워주신 고귀한 성전이 그들로 인해 지탄의 대상이 될 것은 뻔한 일이 아닌가?

바라기는 이 책이 실제적인 간증서로 많이 읽혀서 한국은 물론 세계교회에 기여하기를 바라는 마음으로 이 책을 적극적으로 권장하고 싶다.

한일장신대학교 조직신학 교수
배경식

추천사

 깊은 영적 체험을 글로 옮겨 다른 이들에게 간증을 하는 것은 귀한 일입니다. 처음 이 책을 대할 때 과거 선입관을 가지고 또 하나의 신비적 체험을 기록한 책이라 생각하며 그리 내키지 않게 읽게 되었습니다. 그런데 읽다보니 다른 책들과는 다르다는 것을 알게 되었습니다. 김 목사님의 입신에 대한 해석과 태도가 일반 신비주의자나 직통계시파의 내용과 차이가 있다면 바로 "내용"입니다.

 주님을 만나서 주고받은 대화 내용이 "회개와 구원"이며, 하늘에 계신 우리 아버지의 뜻대로 살려는 권사님의 신앙고백과 권면이 주된 것이었습니다. 권사님의 입신 내용이 성경의 내용이나 교리를 넘어서는 위험성은 보이지 않습니다. 다만 물질적이고 세상적인 내용은 개인적 체험으로 국한하면 됩니다.

성경은 항상 유일한 텍스트입니다. 다른 신앙 서적들, 신학 서적들은 모두 참고서일 뿐입니다. 시사문제를 비롯한 세상의 일은 컨텍스트(context)일 뿐이지 성경말씀이 우리에게는 신앙의 유일한 척도(canon)입니다. 하나님 말씀이 영감으로 기록된 성경책은 생명의 책이며, 구원의 책이며, 하나님의 사랑의 책이기 때문입니다.

어떤 부흥집회나 간증으로 은혜를 받은 분들은 성경말씀을 체계적으로 읽고 공부하기를 권면합니다. 말씀 위에 든든히 서 나가야 합니다. 말씀 속에서 삼위일체 하나님을 만나게 됩니다. 성령 충만하게 됩니다. 회개와 통곡이 따르게 되며 감사와 찬양이 나옵니다. 성경의 인물들의 간증이나 역사만큼 더 좋은 간증이 어디 있겠습니까? 성경을 읽어보면 천국은 확실히 있습니다. 지옥도 확실히 있습니다.

하나님 말씀을 전할 때 칼빈의 해석처럼 "성경은 스스로 해석한다"(The Bible interprets itself)는 원칙을 참고하면서 말씀 속에 해석을 찾아 말씀을 가감하지 말고 있는 그대로 은혜 받으시면 됩니다.

저는 이 책을 읽을 때 마음의 감동이 왔습니다. 귀한 체험을 함께 나누기로 결단하신 김성규 목사님의 용기에 박수를 보내고 싶습니다. 본서를 통해 늘 주님 앞에 설 그날을 준비하며 회개하며 정결하게 되기를 소원합니다. 본서를 읽고 전도하며 선교하는 데 크게 도움을 받으며, 매일 주님께 가까이 가며, 주님과 동행하는 영적 믿음에 기름진 성령님의 역사가 임하시기를 바랍니다.

감람산세계선교회 대표, 필그림선교신학대학교 총장
윤사무엘

추천사

　김성규 목사님의 간접 간증집 《내 어머니가 본 천국과 지옥》은 어머니의 입신 경험을 녹음과 기억을 통해 정리한 글이다. 김 목사님은 모친의 신앙경험을 과장하지 않고, 소박하고 순수하게 기록하였다. 이 간증을 통해 독자들은 특정한 시대와 개인의 신앙적 역동성을 경험하게 된다.

　기독교 신앙인의 '신' 경험은 각 개인이 처한 역사적 상황에 따라 매우 다양하고도 상이하다. 그래서 누구도 성경에서부터 교회시대에 이르기까지 나타난 하나님 경험을 하나의 도식이나 원칙으로 규격화시키지 않았다.

　다만 기독교회의 하나님 경험은 교회가 가꾸어온 성경이해와 신조의 내용을 벗어나갈 수 없고, 또한 그것은 교회를 든든하게 세우는 것이어야 하며, 신앙생활에 유익을 가져와야 한다. 그것은 사도 바울과 세계교회사, 그리고 한국교회가 가르쳐주는 '신' 경험의 기준들이다.

김 목사님의 어머니 강 권사님의 체험 이야기는 우리 신앙인 개인들의 많은 이야기들 중에 아주 특별한 아름다운 하나의 체험으로 성도 간에 위로와 격려의 소망을 제공해 줄 것이다.

끝으로 평소 기록된 말씀 곧 성경을 통하여 힘써 복음 전하라는, 그리고 주님의 날을 기다리라는 말씀을 늘 읽었지만 이렇게 생생하게 주님의 간절히 원하심을 접하게 돼서 더욱 기쁘다.

원하기는 이 간증집이 성도들에게 많이 읽혀져 깨

어 경성하면서 힘써 복음을 전하는데 크게 사용됐
으면 좋겠다.

동부제일교회 담임목사

임은빈

추천사

귀한 책을 출간하게 됨을 축하드립니다. 저자 김성규 목사님은 오랜 친분이 있는 분입니다. 부모님께서 저의 모 교회를 목회하신 분으로서 두 분 다 존경받는 분이셨습니다. 제가 순천 매산 고등학교를 가게 된 것도 김성규 목사님의 부모님 덕분으로 매산고등학교에 입학했을 때 김성규 목사님은 매산중학교에 다니고 있어서 같은 기숙사에서 한 방을 쓰며 1년 동안 지낸 일이 있습니다.

이번에 그의 모친께서 친히 체험하신 천국과 지옥의 입신 장면을 녹음하여 두었다가 출간하셨습니다. 신비로운 체험을 성경에 입각하여 사실 그대로를 기록하였습니다. 신령한 은사 체험이 읽는 이들에게 감동을 주시리라 확신하며 잠든 심령들을 깨우는

파수꾼의 나팔이 될 것을 믿습니다.

　보기 드물게 모친께서는 9남매 중에서 다섯 분을 목사님으로, 따님 세 분 가운데 두 분은 권사님으로, 막내 따님은 목사 부인으로 키우시는 등 사명을 감당하는 놀라운 업적을 이루셨습니다.

　귀한 책을 출간하게 됨을 다시 한 번 축하드리며 이 책을 추천합니다.

　　　　　　　전국 목사회 회장, 광주무등교회 담임목사
　　　　　　　　　　　　　　　　　　진명옥

추천사

　김성규 목사님을 만난 것은 하나님이 저에게 주신 큰 은혜였습니다. 김 목사님을 통해 그분의 어머님 고 강정님 권사님과 할아버님 고 강호연 장로님을 알게 되었기 때문입니다.

　우리 교회 118년의 역사를 이끌어 오신 하나님께서 그 아름다운 역사를 만들기 위해 어떤 신앙의 영웅들을 사용하셨는지에 대해 궁금했었습니다. 그러다가 강호연 장로님, 강정님 권사님을 만난 것이었습니다. 우리 교회 초창기 시절, 강호연 장로님은 복음에 대한 열정과 교회를 향한 사랑으로 당시 미 남장로교 선교사인 하위렴 선교사님이 당회장으로 목회를 하실 때 그분을 철저하게 보필하면서 교회를 섬기다가, 제주도 선교를 떠나 그곳에서 복음을 전하셨습니다.

　강정님 권사님은, 아버지 강호연 장로님의 철저한 신앙교육의 열매였습니다. 아버지에게 물려받았던 신앙은 오직 그리스도 중심, 교회 중심의 사람이 되게 했습니다. 비교적 부유했던 권사님은 극빈의 청년에게 시집을 오게 됐는데 부친은 청년의 독실한 신앙만을 보고 딸을 보냈습니다. 그런 극빈의 가정에 시집온 강정님 권사님은 그 가난 속에서도 선교사님을 대접하는 것이 최대의 소원일 정도로 목회자 중심으로 교회를 섬겼습니다.

강 권사님이 평소 교회와 주님을 섬길 때, 주님과 깊은 교제 속에서 나누었던 은혜와 기적, 그리고 천국의 비전들을 이렇게 책으로 펴냅니다. 그래서 기대가 큽니다. 벌써부터 그 책 속에서 맛볼 주님의 은혜와 영광스러움을 생각하며 감격스러움을 느끼기 때문입니다. 이 책을 펴내는 김성규 목사님께, 그리고 하나님께 감사드립니다. 이 책은 전적인 하나님의 섭리이고 축복의 열매라고 믿습니다.

양동제일교회 담임목사
곽군용

추천사

저는 지금까지 수많은 교회와 기도원 등에서 집회를(26년 동안 주간 집회 1480여 회) 인도하면서 입신이나 임사체험 등 천국과 지옥에 관련된 간증들을 적지 않게 보고 들었으며, 이를 연구하는 중에 있습니다.

그러던 중 김성규 목사님이 쓰신 《내 어머니가 본 천국과 지옥》을 접하게 되었고, 4번이나 읽으면서 일반적으로 알려진 입신이 얼마나 모순되었는지를 알게 되었고 큰 충격을 받았습니다.

그동안 입신에 관한 책들을 적지 않게 읽어보았지만, 이 책은 제가 본 책 중에서 가장 성서적이면서도 신학적으로 잘 정립된 책이며, 신령한 세계에 대하여 흥미와 확신을 주는 책이라고 생각합니다.

수많은 크리스천들이 신령한 세계에 대하여 궁금

증을 가지고 있으나 이에 대해 속 시원히 답해주는 책을 찾기란 쉽지 않습니다.

그런데 이 책이야말로 신령한 세계에 대한 궁금증을 확실하면서도, 속 시원히 풀어줄 수 있는 책이라고 믿어 의심치 않습니다.

당신이 이 책을 펴는 순간, 경이로운 충격과 신령한 영적세계를 흥미롭게 체험하게 될 것입니다.

상록중앙교회 담임목사
서용봉

차 례

추천사

황승룡(호남신학대학교 명예총장)_ *2*

오덕호(한일장신대학교 총장)_ *5*

배경식(한일장신대학교 조직신학 교수)_ *10*

윤사무엘(감람산세계선교회 대표,

        필그림선교신학대학교 총장)_ *16*

임은빈(동부제일교회 담임목사)_ *20*

진명옥(전국 목사회 회장, 광주무등교회 담임목사)_ *23*

곽군용(양동제일교회 담임목사)_ *25*

서용봉(상록중앙교회 담임목사)_ *28*

여는 글 _ 34

내 어머니에 대하여 _ 42

입신이란 무엇인가? _ 50

입신의 실례들과 배경 설명 _ 58

닫는 글 _ 212

부록

  성경에서 말하는 지옥에 대하여 _ 240

  나의 소명 _ 250

내 어머니가 본 천국과 지옥

여는 글

여는 글

언젠가 안산 상록중앙교회 서용봉 목사님께서 우리 교회에 부흥회를 인도하기 위해 오셨습니다. 부흥성회를 인도하던 중 어머니의 입신에 대해서 얘기를 했더니 깜짝 놀라면서 전율이 느껴진다고 했습니다. 그러면서 우리나라에 제대로 된 입신에 대한 책이 없으니 책으로 펴서 세상에 알리라는 말씀을 하였습니다. 그렇게 하면 믿음이 약한 사람들에게 큰 도전이 될 것이며, 삶이 고달파서 힘들어 하는 분들에게는 큰 위로가 될 것이라고 했습니다. 뿐만 아니라 신앙생활을 하면서 지옥에 대해서 불신하는 사람들에게 큰 경종이 될 것이라고 했습니다.

그러고 보니 어머니가 입신하실 때마다 주님께서 보고 들은 것을 세상에 알리라고 하셨는데 어머니에게만 주신 명령이겠습니까? 곁에서 지켜보고 녹음까지 해두었던 제게도 동일한 명령이 아니겠습니까? 그동안 제가 주님의 엄중하신 명령을 받들지 못하고 30여 년의 세월이 흘렀습니다.

마치 한 달란트 맡은 자가 땅을 파고 그 주인의 돈을 감추어 둔 것과 같이(마 25:18) 주님의 지엄하신 명령을 긴긴 세월 동안 묻어두고 있었으니 이 얼마나 큰 불충을 저질렀는지 모르겠습니다.

그렇게도 복음을 전하기 원하시는 주님이신데, 때가 다 되었으니 깨어 경성하기를 원하시는 주님이

신데, 고달픈 삶에 지쳐 있는 성도들이 주님 예비하신 영광의 나라를 소망하고 살기를 원하시는 주님이신데, 그 거룩하신 주님의 간절한 바람을 덮어두고 산천이 몇 번을 바뀔 때까지 숨겨두고 있었으니 불충한 종이라고 책망 들을 일을 생각하면 두렵고 떨리는 마음입니다.

다행히 녹음해 두었던 테이프는 잘 보관되어 있어서 글을 쓸 수가 있었습니다. 비록 많은 세월이 흘러 이제야 세상에 드러내놓게 되었지만 은퇴를 앞두고 있는 가운데 어머니께서 생전에 많이 하셨던 입신에 대해서 기록을 남기려고 합니다.

어머니께서 제 곁에서 했던 입신들을 하나하나 그 내용을 적고자 합니다. 이 입신 내용이 믿음이 약한 분들에게는 믿음이 성장하는 계기가 되기 바랍니다.

그리고 다시 오실 주님에 대해서 준비하지 못하고 계신 분들은 주님 오실 날을 기다리는 계기가 되시기 바랍니다. 그리고 혹시 불신자들이 이 책을 대하면 하나님의 살아 계심과 천국과 지옥이 있음을 깨닫고 하나님을 영접하는 계기가 되시기 바랍니다.

앞서 기술한 대로 "내 어머니가 본 천국과 지옥"은 서용봉 목사님께서 책을 냈으면 좋겠다고 하여 그렇게 하겠다고 했으나 도무지 구도가 잡히지를 않았습니다.

부족하나마 그래도 글은 좀 쓴다고 자부하고 있었는데 말입니다. 그렇게 2년 동안 시도조차 못하고 오히려 스트레스만 받고 있었습니다.

서 목사님께서 2년 만에 부흥성회 인도 차 다시 오시면 분명 얼마나 쓰고 있느냐고 물을 것인데 몇 자라도 쓰면서 지금 글을 쓰고 있다고 해야지 시도도 하지 않고 글을 쓰고 있다고 말할 수 없기 때문입니다. 그래서 몇 자라도 쓰려고 컴퓨터 자판 앞에 앉았더니 제목이며 차례이며 마치 거미 꽁무니에서 거미줄 나오듯 그렇게 하여 4일 만에 다 썼습니다. 성령님의 도우심이라고 생각합니다.

그렇게 원고를 정리하여 쿰란출판사에 보냈더니 사장님이신 이형규 장로님께로부터 전화가 왔습니다. 너무나 은혜로운 간증이지만 반면 몹시 위험하기도 하다면서(신비주의자니 직통계시자니 할 것이기 때문에) 저명한 분들 특히 신학자들의 추천사를 받았으면 좋겠다고 했습니다. 그러면서 장로님께서 필그림선교대학교 총장이신 윤사무엘 박사님께는 직접 부탁까지 하셨습니다. 예전에 어떤 목사님이 비슷한 글을 썼다가 결국 문제가 돼서 교단을 탈퇴했던 일이 있었다고 말입니다. 사실 그 말씀을 들을 때 몹시 염려했습니다. 신학자들이 이런 영적인 간증에 대해서 쉽게 추천사를 써주지 않을 것 같아서 말입니다. 그런데 저명하신 분들이 이렇게 원고를 읽고 적극적으로 추천사를 써 주었습니다. 저는 추천사를 생각지도 못했는데 이렇게 추천사까지 받게 하여 신변을 보호해 주신 하나님께 찬양을 드립니다.

끝으로 이렇게 역사하신 하나님께 모든 영광을 돌리오며 이 글이 세상에 나오도록 재촉하시면서 추천서까지 써 주신 서용봉 목사님과 전국 목사회 회장이시며 광주 무등교회를 담임하신 진명옥 목사님, 비록 세대는 다르지만 어머니 어렸을 적 장로님이신 외할아버지 손을 붙잡고 다녔던 목포 양동제일교회를 담임하신 곽군용 목사님 그리고 총회(통합) 국내선교부장 등을 역임하셨으며 마라나타 영성훈련원 원장님이시고 동부제일교회를 담임하신 임은빈 목사님, 또한 한일장신대 신학대학원장을 역임하셨으며 한국 조직신학교수협회 회장이셨던 배경식 박사님, 그리고 호남신학대학교 총장을 역임하셨으며 지금은 명예총장으로 계시는 황승룡 박사님, 필그림선교신학대학교 총장이신 윤사무엘 박사님, 한일장신대학교 총장님이신 오덕호 박사님, 뿐만 아니라 이 책을 출간하는데 물심양면으로 도와주신 모든 분들, 끝으로 이 책을 펴내 주신 쿰란출판사, 특히 사장님이신 이형규 장로님께 심심한 감사의 말씀을 드립니다.

김성규 목사

내 어머니가 본 천국과 지옥

내 어머니에
대하여

내 어머니에 대하여

내 어머니는 목포 양동제일교회 장로님으로 시무하시며 목포 정명여고 한문 및 수학교사이셨던 강호연 장로님(목포 양동제일교회 100년사)의 장녀로 태어나 내 아버지를 만나 주님께 죽도록 충성을 다하셨습니다.

제가 목회자의 가정에서 자라면서 본 어머니는 철두철미한 신앙인이었습니다. 그 어떤 새로운 옷도 반드시 성전에 가면서 입기 시작합니다. 새 양말이나 버선도 성전에 가면서 신기 시작합니다. 하나님께 먼저라는 생각 때문입니다. 그 어떤 애경사에 가는 것보다 주일 전에 가면서 가장 신경을 쓰는 것을 보았습니다. 하나님께 드릴 헌금의 지폐도 꼭 다리미로 다려 드린 것을 보면서 돈은 다 같은 돈인데 왜 그러실까 했습니다.

그런데 어머니께서는 하나님께 드리는 예물은 그 자체보다 마음이 더 중요하다고 하시면서 그렇게 하셨습니다.

아버지께서 목회하시기 전에 아버지는 춘추 23세에 어머니는 춘추 21세에 서리집사님으로 봉사하셨습니다. 추수감사절이나 맥추감사절에 드릴 곡식도 처음부터 따로 재배했다고 합니다. 교회 김장에 쓸 무나 배추도 따로 재배하면서 가물면 그곳부터 물을 주고 벌레도 그곳부터 잡아주었다고 합니다. 처음부터 구별했다고 합니다. 주의 종을 마치 주님께 하듯 그렇게 섬겼다고 합니다.

제가 태어나기 전, 그때는 목회자가 귀해서 선교사님이 몇 개 교회를 돌아보면서 목회를 하셨는데 어머니의 간절한 소망은 마음껏 주의 종을 대접하는 것이었습니다. 그때 아버지께서 선친으로부터 물려받은 것은 가난뿐이었기 때문에 대접하려고 해도 가진 것이 없어서 마음만 간절했다고 합니다.

그러다가 어떻게 돈을 마련해서 돼지 머리 하나를 사가지고 푹 삶아 물이 빠져야 맛있다고 하면서 처마 밑에 걸어 두었다고 합니다.

몹시 배고픈 세상이었는데 어린 제 형님들과 누나들이 어머니 치맛자락을 잡고 따라다니면서 고기 좀 달라고 울며 사정해도 주의 종이 먼저 드시고 가면 주겠다고 했다고 합니다. 토요일 오전부터 주일 지나고 월요일에 선교사님이 떠날 때까지 고기 한 점 떼어주지 않았다고 합니다.

주님께서 그 모습을 어떻게 보았겠습니까? 내 종을 네 자식들보다 사랑한다고 여기지 않았겠습니까? 지금 저희 형제들이 어머니께서 뿌린 씨앗의 열매를 거두고 있다고 생각합니다.

그리고 자녀들을 철저하게 신앙 안에서 교육했습니다. 예를 들어 학교 선생님으로부터 문제를 일으켰다는 말을 들었을 때 용서를 빌면 용서를 받았지만, 주일학교 선생님으로부터 말을 들었을 때는 용서를 받아본 적이 없었습니다. 그러고 보니 학교생활보다 교회에서 더 조심했었습니다. 6남 3녀의 많은 자녀들 가운데 한 자식도 곁길 가지 않게 된 것도 이런 어머니의 신앙교육 때문이었다고 생각합니다.

그리고 아들 여섯을 목회자로 만들었습니다(지금 다섯째는 신상문제로 목회하지 않음). 두 딸은 권사로 막내 딸은 목사 부인으로 키웠습니다. 어머니는 평생 눈물의 기도로 자녀들이 주의 일을 잘 감당하도록 도우셨습니다.

82세 때에는 신구약성경 한 권과 신약 두 번을 필사하기도 했습니다. 우리 형제들이 목회를 하다 보니 연로하시어 거동이 불편하신 어머니를 홀로 계시게 하고 집을 비울 때가 많았습니다. 그리하여 많이 힘들어 하시는 모습이 안타까워 깨끗하고 시설 좋은 노인병원에 모셔다 드리고 차마 발길이 떨어지지 않아 괴로워하고 있을 때 어머니께서는 오히려 우리를 위로하셨습니다.

"너희가 나를 이곳에 보낸 것이 아니고 주님께서 여기 노인들에게 복음을 전하라고 보내셨다"라고 말입니다.

결국 그 병원을 복음화시키셨습니다.

그 어머니께서 2010년 1월 31일 주일 새벽에 주님의 부르심을 받아 97년간의 무거운 짐을 내려놓고 주의 나라로 가셨습니다.

형님이 시무하는 교회에서 장례를 치렀는데, 우리는 장례식이라고 하지 않고 '고 강정님 권사 천국 환송예배'라는 타이틀로 환송식을 했습니다. 찬송도 장례 찬송 대신 아버지께서 목회하시면서 힘들 때마다 즐겨 부르셨던 '주 안에 있는 나에게 딴 근심 있으랴'와 어머니께서 평생 주의 나라를 소망하면서 부르셨던 '저 높은 곳을 향하여'를 불렀습니다.

그러면서 조사라 하지 않고 환송사라고 했습니다. 저는 그 환송사에서 지금 여기 모인 모든 성도들이 어머니께서 천국에 들어가신 일에 대해서 오늘 축하하기 위하여 그리고 환송하기 위하여 이곳에 자리를 함께했다고 했습니다.

축하의 두 가지 이유는 그 많은 시련과 역경 중에서도 신앙의 절개를 지키고 달려갈 길 잘 마쳐 승리하였음이요, 다음으로는 주님 만나기를 기독교 2천 년 동안 기다려왔고 한 개인의 일평생 동안 그래서 어머니께서 평생 사모했었는데 그 소원을 성취하셨으니 당연히 축하할 일이라고 했습니다.

내 어머니가 본 천국과 지옥

입신이란 무엇인가?

입신이란 무엇인가?

먼저 '입신'이란 단어는 성경에 없습니다. 사람들이 그저 그렇게 부를 뿐입니다. 저 역시 적당히 표현할 방법이 없어서 그렇게 부르고 있습니다. 성경에 입신이라는 단어는 없지만 입신이라는 성경적 근거는 사도 바울의 체험입니다.

고린도후서 12장 1-4절의 "무익하나마 내가 부득불 자랑하노니 주의 환상과 계시를 말하리라 내가 그리스도 안에 있는 한 사람을 아노니 그는 십사 년 전에 셋째 하늘에 이끌려 간 자라(그가 몸 안에 있었는지 몸 밖에 있었는지 나는 모르거니와 하나님은 아시느니라) 내가 이런 사람을 아노니(그가 몸 안에 있었는지 몸 밖에 있었는지 나는 모르거니와 하나님은 아시느니라) 그가 낙원으로 이끌려 가서 말로 표현할 수 없는 말을 들었으니 사람이 가히 이르지 못할 말이로다"라는 고백입니다.

바울은 그의 영이 하나님께 불려가서 셋째 하늘의 영광을 보고 왔지만 너무나 신비스러워서 14년 동안 누구에게도 말을 못하고 있었습니다. 그가 육체를 떠나서 영이 하나님의 나라에 갔기 때문에 자신은 그것이 육체를 떠났는지 아니면 육체에 있으면서 환상 중에 체험한 것인지를 알 수가 없었다고 하면서 하나님만 아신다고 했습니다.

어떤 은사집회나 기도원에 가서 보면 많은 분들이 입신을 한다고 하는데 입신이 아니었습니다. 그저 성령께 취해 있던지 하는 것이었습니다. 입신이 어떤 것인지를 잘 모르기 때문에 그렇게 입신한다고 말하는 것입니다.

입신은 하나님의 부름을 받고 영육이 분리되어서 영이 주님을 만나는 것을 말합니다. 영과 육이 분리된다는 것은 영이 다시 돌아올 때까지 육체는 생리학적으로 죽어 있는 상태입니다. 심장이 멎고 호흡도 멈춥니다. 영이 돌아오는 시간이 30분이면 30분 동안, 한 시간이면 한 시간 동안 육체는 완전히 죽어 있는 상태입니다.

그래서 입신에 들어가면 혈액이 굳지 않도록 담요 등으로 몸을 덮어둡니다. 그렇게 육체는 심장이 멈추고 호흡이 없어서 죽어 있는데, 입은 계속 대화하고 있습니다. 즉 주님과의 대화, 앞서간 성도들과의 대화가 마치 대본을 읽듯 그렇게 말을 합니다. 도무지 보고도 믿어지지 않는 일입니다.

목회하다 은퇴하신 아버지를 제가 잠시 모시고 있었습니다. 어머니께서는 제 목회 현장에서 수없이 입신을 하셨는데 사택에서나 혹은 성전에서 하셨습니다.

입신할 때는 주로 어머니께서 즐겨 부르셨던 찬송 '저 높은 곳을 향하여 날마다 나아갑니다'를 부르다가 무아지경으로 빠져 들어갑니다. 그러다가 갑작스럽게 그대로 뒤로 넘어집니다. 영이 떠나는 순간입니다. 마치 총을 맞은 사람이 넘어지듯 그렇게 넘어집니다. 그래서 어머니의 모습을 보면 입신하실 것을 알게 되고 그러면 뒤로 가서 받쳐줍니다. 단단한 바닥에 그대로 넘어지면 뇌진탕이 염려되기 때문입니다.

물론 주님께서 뜻이 계셔서 부르시는데 뇌진탕이 일어나겠습니까만 어린 마음에 그렇게 했습니다. 그렇게 입신에 들어가면 앞서 말한 대로 담요 등으로 덮어두는데 팔다리가 빳빳하게 완전히 굳습니다.

그렇게 1~2분 지나면 주님과의 대화가 시작됩니다. 하나님 나라의 영광과 가끔 지옥을 보여 주시는 등 주님께서 원하시는 일을 다 마치고 세상으로 가라고 하시면 열 번이면 열 번 모두 가기 싫다고 합니다.

너무나 아름다운 곳을 보았는데 세상으로 가고 싶어 하겠습니까? 그렇지만 아직 때가 아니라서 결국 돌아오게 되는데 "어서 가거라"고 하신 말씀에 "아멘" 하였지만 한참을 기다립니다.

  한참을 기다리면 마치 심장이 정지된 환자에게 심장 충격기로 충격을 가한 것처럼 온몸이 벌떡 뜁니다. 그러면 팔다리를 마사지해서 혈액이 순환되도록 하는데 그렇다고 즉시 호흡이 돌아온 것이 아닙니다. 심장박동이 시작되고 20~30초 지나면 후~ 하고 호흡이 시작되는데 그렇게 되면 완전히 소생하게 됩니다. 그렇게 소생하면 2~3일은 육체적으로 몹시 힘들어합니다. 마치 몸살이 난 것처럼 말입니다.

내 어 머 니 가 본 천 국 과 지 옥

입신의 실례들과 배경 설명

입신의 실례들과 배경 설명

처음 입신할 때는 아버지께서 목회하시는 교회에서 했는데 아버지는 그것이 입신인 줄 몰랐다고 합니다. 맥박을 짚어 보니 맥박이 뛰지를 않았습니다. 그리고 숨도 쉬지 않았다고 합니다. 그래서 인중에 침을 놓을까 생각하다가 무슨 얘기를 하는 것 같아 어디선가 입신에 대해 들어본 기억이 나서 침을 놓지 않았는데 그때 바로 입신을 했다고 했습니다. 당시 저는 현장에 없었고 아버지로부터 그리고 어머니로부터 들은 얘기입니다.

어머니께서 입신을 하셨는데, 아버지께서 시무하시는 교회에 다니시다가 돌아가신 두 분을 보았다고 합니다. 한 분은 부인 집사님이고 한 분은 교회를 두 번 나오고 돌아가신 분인데, 부인 집사님은 면류관을 쓰고 있지 않은 반면 두 번 나오고 돌아가신 분은 면류관을 쓰고 있었다고 합니다.

그래서 주님께 물었다고 합니다. "왜 저 집사님은 면류관이 없는데 저분은 면류관을 쓰고 있습니까? 저분은 교회에 딱 두 번밖에 나오지 않았는데 말입니다"라고 했더니, 주님께서 말씀하시기를 "저 여집사는 일생 동안 집사로 지냈지만 나를 위해서 한 일은 아무것도 없었다. 오직 자신만을 위해서 신앙생활 했지만 저 사람은 비록 두 번 교회에 나왔을지라도 나를 몹시 기쁘게 했느니라. 나를 시원하게 했느니라"고 하시면서 "네가 생각하기는 두 번 교회에 나왔다고 하지만 나는 영원히 현재이니라"고 하셨다고 합니다.

면류관을 쓰고 계신 분은 풍수지리를 보는 사람이었는데, 암에 걸려 죽기 직전 교회에 나왔다가 아버지의 설교를 듣고 자신이 인생을 헛되게 살았다는 것을 깨닫게 되었다고 합니다. 그래서 집에 가서 즉시 모든 풍수지리에 관한 것들을 불에 태우려고 하자 동생이 그 아까운 것을 왜 불에 태우려고 하느냐며 자기에게 팔라고 했다고 합니다.

그러자 그분은 "내가 이것 때문에 죄 짓고 살았는데 어찌 네게 팔겠느냐"라고 하면서 불살라버리고 한 주일 더 교회에 나왔다가 세상을 떴다고 합니다.

그래서 주님은 죄의 자리를 깨끗이 정리한 그 사람은 나를 몹시 기쁘게 했다고 말씀하셨습니다.

아버지의 말씀을 들어보니 면류관이 없는 그 여집사님은 맥추감사절이나 추수감사절에 요즘으로 말하면 등외품을 가지고 왔다고 합니다.

그 시절에는 곡물로 감사절을 지켰는데(요즘도 시골 교회에서는 그렇게 하지만) 가장 품질이 떨어진 것을 가져와서 아버지께서 그것을 볼 때마다 쯧쯧쯧 혀를 차면서 이런 것은 하나님께서 받으실 리가 없는데 하며 안타까워했다고 했습니다.

다른 분들은 깨끗이 정제해서 정성껏 드렸는데 그 여집사님은 인색하기 이를 데 없고, 드린 것도 그런 것을 드렸으니 어찌 하나님께 열납될 수가 있었겠습니까?

그러기에 레위기 22장 29절 말씀을 보면 "너희가 여호와께 감사제물을 드리려거든 너희가 기쁘게 받으심이 되도록 드릴지며"라고 하셨는데, 그 말씀대로 여집사님은 아무 상급도 받지 못했던 것입니다.

또 한 번은 역시 아버지께서 시무하시는 교회에서 하셨던 입신입니다.

입신 중에 보니 마을에 사는 어떤 세력 있는 사람이 지옥 가장자리에서 서성이고 있었다고 합니다. 그래서 어머니께서 "저 사람은 우리 마을에 사는 사람인데 왜 여기에 있습니까? 저 사람은 어제도 봤던 사람입니다. 버젓이 우리 마을에 살고 있는 사람인데 왜 여기에 와 있습니까?"라고 했더니 주님께서 곧 알게 될 것이라고 했습니다.

　입신 현장에 있었던 제 어린 막내 동생과 그 친구들이 이 얘기를 마을에 가서 했습니다. 당연히 소란스러웠을 것은 말할 필요도 없습니다. 아마 요즘 같았으면 명예훼손을 했다고 법적 대응을 했을 것입니다.

　그런데 며칠 후 건강하던 그 사람이 갑자기 죽었습니다. 그 일로 인해 사람들이 두려워서였는지 아니면 다른 어떤 이유에서인지는 알 수 없지만 교회에 나와서 주님을 영접했던 사람들이 많았습니다.

　이제는 제가 지켜본 가운데 했던 입신에 대해서 기록하고자 합니다.

🌸 1978년 12월 어느 날

장성 ○○○ 기도원 ○○○ 목사님을 모시고 부흥성회 하던 중 입신하신 내용입니다.

말씀을 마치고 개인기도를 하시던 중 입신하였습니다.

많은 성도들이 둘러 있는 중에 입신하였습니다.

주님과의 대화, 그리고 먼저 간 형님과의 대화 등입니다.

"주여~ 주여~ 주여~."

"내 종 고생 많이 한다. 어린 종이 노심초사 양 떼들을 위하여 나에게 간절히 부르짖었다. 그리하여 그 기도를 응답해서 내 사자를 이곳에 보내었노라. 그러나 받아들이지 못하는 자들이 있구나. 개중에는 성령을 훼방하는 자들도 있구나. 성령을 훼방하는 자들은 내 나라에서 사함을 받지 못하리라. 화를 면치 못하리라."

"주님, 주님 저를 그만 부르시고 집사들 가운데 하나를 부르세요. 집사들 가운데 하나를 부르세요. 집사들 가운데 하나를 부르세요."

"내 뜻이 있어서 너를 불렀노라. 네가 때로는 십자가를 지지 않으려고 발버둥을 치는 때가 있기 때문에 이 영화로운 세계를 네게 보여 주려고 불렀노라. 자~ 영화로운 세계로 가자."

"아멘!"

"와~ 면류관, 면류관, 면류관, 면류관~ 주님~ 주님~ 세상에서 저는 면류관을 쓸 일을 못했습니다."

"염려하지 말고 근심하지 마라. 내가 진즉 너를 부를 때 네 면류관을 준비했다고 하지 않았느냐? 어서 써 보아라."

"와~ 주님, 딱 맞네요. 딱 맞네요. 딱 맞네요. 나는 면류관을 쓸 일도 하지 못했는데, 면류관을 쓸 일도 하지 못했는데……흑흑……저의 자식들, 당신의 종들에게도 면류관을 주세요~."

"왜 네가 그것을 염려하느냐? 내가 진즉 다 보여 주지 않더냐? 영원히 썩지 않는 생명의 면류관을 다 내 종들을 위해 준비했노라. 내 종들을 위해 준비했노라."

"주님, 기왕 당신의 종들로 불렀사오니 주님의 강하신 오른 팔로 붙들어 주시옵소서. 모세의 지팡이를 들려주시옵소서. 나의 평생 소원입니다."

"오냐! 내가 네 소원을 이미 다 이루었다. 보아라! 세상에는 삯꾼 목자가 많다. 외식과 형식으로 하는 일꾼이 많다.

그러나 네 자식, 내 목자들은 참된 목자로다. 이미 지팡이를 들려주었노라. 네가 봄으로써 알지 않느냐? 들음으로써 알지 않느냐? 능력의 종들, 네 자식들을 통하여 말세에 내가 영광을 받겠노라고 네게 몇 번이나 말하더냐?"

"감사합니다. 감사합니다. 주님~. 주님, 내가 이미 왔사오니 저의 아들을 좀 만나고 가고 싶어요. 세상에서 너무나 보고 싶었습니다. 아무리 말씀대로 살아보려고 해도 보고 싶을 때가 있습니다. 아들을 좀 만나보고 싶어요."

"가자~."

"할렐루야~~ 할렐루야~~ 할렐루야~~ 할렐루야~~ 주님, 저의 자식과 말 좀 하게 해주세요."

"허락한다."

"어머니, 왜 세상에서 저를 보고 싶어 합니까? 얼마 되지 않으면 어머니도 이 나라에 와서 저와 같이 살 것입니다."

"찬규야~ 찬규야~."

"예~."

"네가 어찌하여 세상에서 죽을 날까지 알면서도 나에게 말을 안했더냐? 말을 했더라면 히스기야와 같이 내가 금식하고 주님 앞에 매달렸을 것인데, 그러면 네가 세상에 더 살았을 텐데~"

"어머니, 하나님께서 하시는 일을 감히 내가 어찌 어머니께 말씀드릴 수가 있었겠습니까? 그러나 욥에 대한 이야기를 미리 말씀드리지 않았습니까? 그리고 아버지께 십자가가 놓일 테니 잘 지시라고도 말씀드렸습니다. 어머니, 세상에는 근심이 많고 걱정도 많지만 이 나라에는 근심도 없고 걱정도 없는 이 나라에 내가 복이 있어서 먼저 왔습니다. 부모에게는 불효한 것 같으나 아버지의 거룩하신 뜻을 순종한 것뿐입니다.

이 세상에 사는 동안 주님 일 하다가 이곳에 와서 황금 보석으로 꾸며진 어머니의 집에 살 것이니 세상에 집 없는 것 한탄하지 마세요. 세상의 집은 우리 주님 강림하시면 불타서 없어져 버립니다. 금은 보석으로 꾸며진 어머니의 집이 이 나라에 있습니다. 이 나라에 있습니다."

"내가 보아야 되지 않겠느냐? 내가 보고 가면 좋겠

다. 주님 정말로 제 집이 있습니까?"

"오냐. 있다. 저 천사를 따라가거라."

"아멘~ 아멘~ 할렐루야~ 할렐루야~ 할렐루야 아멘~ 할렐루야 아멘~ 저것이 내 집입니까? 저것이 내 집입니까? 할렐루야 아멘~ 할렐루야 아멘~ 저것이 내 집입니까? 할렐루야 아멘~ 할렐루야 아멘~ 할렐루야 아멘~. 주님 이제 이미 왔사오니 근심 없고 병 없고 죽음 없는 이 나라에서 여기서 저를 살도록 해주세요. 가지 말라고 해주세요. 오라고 해놓고는 왜 자꾸 세상에 또 보냅니까? 주여, 가지 말라고 해주세요. 여기서 살고 싶어요."

"사랑하는 내 종아~ 사랑하는 내 종아~ 면류관 받아 쓰고 이 집에서 살 것이다. 세상에는 배고플 때도 있고 춥고 더울 때도 있고 병들 때도 있다. 그러나 이 나라에는 배고프고 헐벗을 때도 없고, 병든 것도 없고 죽는 것도 없고, 근심과 눈물이 없는 이곳을 네가 항상 바라고 소망하기 때문에 내가 너를 때때로 이곳에 불러서 보여 주노라~ 보여 주노라~ 세상에 가거든 보았던 광경을 이야기해라!"

"아멘~"

"와~ 할렐루야! 유리바다 건너편 생명과일~ 유리바다 건너편 생명과일~ 주님, 천사를 명하여 저거 하나만 주세요. 저거 하나만 주세요."

"오냐~ 가지고 가지는 못하지만 먹고는 갈 수 있느니라. 먹어라."

"오물오물~ 오물오물~ 오물오물~."

"주님, 맛있어요. 주님, 맛있어요. 세상의 과일은 씨가 있는데 생명과일은 씨도 없네요."

"오물오물~ 오물오물~ 오물오물~"

"맛있어요. 맛있어요."

"오물오물~ 오물오물~"

"우리 주님 나라에……오물오물~"

"주님, 저 음악 소리, 저 음악 소리 나는 데는 어딥니까? 어딥니까?"

"먼저 온 성도들과 천군 천사들이 하나님의 보좌에서 노래하는 곳이다."

"주님, 저도 그곳에 가고 싶어요."

"가자!"

"아멘!"

"할렐루야 아멘~ 할렐루야 아멘~ 할렐루야 아멘~ 할렐루야 아멘~ 천국에는 해와 달과 별과 등불이 소용이 없고 우리 하나님의 빛이 영영 찬란하게 비치네. 아멘~~ 아멘~~ 아멘~~ 할렐루야~~ 할렐루야~ 할렐루야~ 할렐루야~ 아멘~."

"내가 이미 네게 여러 은사를 다 주었다. 그런데 네가 활용하지 않는구나. 신경질은 내지 마라. 신경질은 마귀가 주는 것이다. 마귀가 주는 것이다. 내 종, 노(老)종을 괴롭게 하지 마라. 범사에 감사하는 종이다. 내 노종은 먹을 것이 없고 마실 것이 없어도 항상 감사하는 종이다."

"아멘~ 저도 그렇게 알고 있습니다."

"저 천사를 따라 지옥 구경 가거라."
"안 해요. 지옥은 무서워요. 안 해요. 무서워요."
"저 지옥 구경 가봐라. 네가 거기 가지 않을 것인데 네가 무서울 것이 무엇이냐? 따라가 봐라."
"아멘~"

"와! 무서워~ 와! 무서워~ 꺼지지 않는 불! 꺼지지 않는 불! 꺼지지 않는 불! 꺼지지 않는 불! 꺼지지 않는 불! 꺼지지 않는 불! 무서워~~ 저 사람들~ 내가 아는 사람들이 있네!

그렇게 예수 믿으라고 권면했건만~ 끝까지 고집 부리더니~안타까워~~ 안타까워~~ 뜨거워서 뜨거워서……견딜 수 없어 몸부림치는 저 사람들……주님, 그만 보고 싶어요. 너무나 무서워요."

"세상에서 사는 동안 거짓말 하는 자들과 나를 믿지 않는 자들이 다 이 유황불에 참여할 것이다. 참여할 것이다. 세상에 가거든 내 양 떼들에게 깨어서 준비하라고 해라. 내가 머지않은 날에 세상에 내려갈 것이다. 준비하라고 해라. 준비하라고 해라."

"어린 내 참된 종이 내 양 떼들을 위하여 얼마나 눈물을 흘리고 얼마나 애쓰는지 그 음성을 내가 들었노라. 내가 들었노라. 내 참 목자로다. 양 떼들을 위하여 제 목숨을 아끼지 않는구나. 양 떼들을 위하여 제 목숨을 아끼지 않는구나. 복 있는 자들아! 종의 말을 듣고 종의 음성을 듣고 따르라.

개중에는 곁길로 가는 자들이 있구나! 쯧쯧쯧쯧쯧쯧쯧! 마음이 완고하여 돌바닥 같구나! 돌바닥 같구나! 왜 불만과 불평을 그렇게 하느냐? 내가 너를 때려야만 정신을 차리겠느냐? 내가 이름은 지명은 안 한다. 내가 이름은 지명은 안 한다. 왜 내 종의 마음을 썩히느냐? 왜 내 종의 마음을 썩히느냐? 왜 내 종의 눈물을 흘리게 하느냐? 내 종은 특별히 불러내어서 내가 빼낸 종이다. 왜 내 종의 마음을 태우느냐? 화 있을지로다. 화 있을지로다."

"주여, 용서하소서~ 주여, 용서하소서~ 용서하소서~ 용서하소서~."

"내 어린 종이 그들을 위하여 얼마나, 얼마나 기도하는데 바로의 마음과 같이 완악하구나. 회개하기까지 내가 참으리라. 회개하기까지 참으리라."

"내가 특별히 빼낸 내 사자, 내 오른쪽 눈동자와

같이 이용하는 종 ○○○, ○○○ 그의 말을 따르라. 짐승 세계의 짐승의 인을 못 받게 땀을 흘리고 고초를 당하면서 너희를 내게로 끌어 올리는구나. 끌어 올리는구나. 말세에 사명자다. 말세에 사명자다. 그 말을 듣고 그 말을 따르라. 개중에는 시기 질투하고 중상하고 모략하는 자들이 있구나. 그러나 내 종보고 참고 견디라고 해라. 그의 상이 클 것이다~ 그의 상이 클 것이다~ 그의 상이 클 것이다~."

"주님, 제가 하나 부탁하겠습니다."

"네가 무엇을 부탁하려느냐?"

"주님께서 특별히 빼신 주의 종 저의 아들이 무등산에 기도하러 갔사오니 우리 아버지의 능력을 주시옵소서."

"이미 주었노라. 이미 주었기 때문에 이기고 금식

기도를 하는 것이다. 염려 마라. 염려 마라. 네 근심 내가 다 들었다. 네 소원 금번에 이루었다. 너는 평생에 세상에 물질을 쌓아 놓기를 좋아하지 아니하고, 나를 위하여 바치기를 좋아하고, 옷 두 벌 되면 가난한 자에게 입히기 좋아하고, 밥 두 그릇 있으면 나눠 먹기를 좋아하고, 나 위하여 자식들을 다 바친 너를 어찌 내가 사랑하지 않겠느냐?

너를 십오 년 전에 내가 세상에서 불러 가려고 했는데, 내 노종을 봐서 네 생명을 연장시키기를 세 번이나 했노라. 세 번이나 했노라. 남은 생애 너를 건강하게 해줄 테니 나를 위하여 힘쓰고 애써라. 어디 가든지, 어디 가든지 네 입을 벌려 찬송이요, 네 입을 벌려 전도요, 네 입을 벌려 나에게 기도해라. 네가 길을 가면서 자식을 위하여 기도하고, 잠을 자면서도 자식을 위하여 기도하는 기도, 그 향을 내가 다 받았노라. 다 받았노라.

일평생 자식을 위하여 하는 기도를 내가 다 받았기 때문에, 네 자식들에게 능력의 종이요 말씀의 종, 권능의 종이요 승리의 종으로 내가 이미 만들었노라. 염려하지 마라. 염려하지 마라. 네 자식들을 통하여 말세에 내가 영광을 받으련다. 영광을 받으련다. 영광을 받으련다."

"주여, 감사합니다. 감사합니다. 감사합니다. 감사합니다."

"너를 핍박하고 너를 괴롭게 하는 거 이제는 하나하나 알게 되지 않느냐? 네가 나를 붙들고 눈물을 흘려도 때가 있으면 알게 될 것이라고 했는데 이제 하나하나 다 알지 않느냐? 알지 않느냐? 끝까지 십자가를 지고 나를 따라오너라.

 내가 네게 한 가지 부탁한다. 때로는 자신을 이기지 못하고 혈기를 부리는 때가 있구나. 혈기 부리지 마라. 혈기 부리지 마라. 내가 주는 것이 아니다. 마귀가 주는 것인 줄 알아라. 네가 양 떼들을 바로 지도한 줄 안다. 말씀을 전해도 바로 먹이려고 하는 줄 내가 안다. 끝까지, 끝까지 죽는 순간까지 그렇게 가르쳐라. 양 떼들을 그렇게 가르쳐라.

 그러나 받는 자도 있고 받지 않는 자도 있느니라. 복 있는 자는 받으려니와 복 없는 자는 받지 않으리라. 받지 않는 자는 할 수 없이 유황불에 처할 수밖에, 그러나 네 의무는 가르치는 것이니라. 가르치는 것이니라."

 "나는 부족합니다. 어찌 감히 주님의 말씀을 가르

치오리까?"

"내가 너에게 이미 주었노라. 주는 것 가지고, 받는 것 가지고 하지 않느냐? 내가 용감한 용사로 너를 만들었는데 왜 때로는, 때로는 그 말씀을 전하지 않느냐? 열심히 말씀을 전하여라. 네가 젊어서부터 일생을 나를 위하여 충성한 줄 안다. 충성한 줄 안다. 충성한 줄 안다. 내 종이라고 하면 하늘같이 여기는 줄을 내가 안다."

"주여~ 나는 감히 주님 앞에 설 수가 없습니다. 게으른 종입니다."

"네가 죄를 짓고 나에게 뛰어와 회개한 것을 내가 안다. 어서 세상에 가거라."

"안 가렵니다. 또 저더러 세상에 가라고 하십니까? 이 좋은 화려한 내 집에서 살겠습니다. 가기 싫어요.

세상에 가기 싫어요."

"아니다. 아직 올 때가 못 되어서 너를 불러 보여주는 것뿐이니라. 가서 내 양 떼들에게 부디부디 말해라. 내 종 맘 상하게 하지 말고 순종하는 자에게는 내가 하늘 창고 문을 열고 복을 내려주겠다고 해라. 그렇게 하더라고 해라. 내 종의 맘을 썩이는 자에게는 그 가정에 화가 임할 것이라고 말해라. 내 종은 내가 특별히 구별해서 뽑은 종이다."

"주님, 가기 싫어요."

"아니다. 가거라. 어서 가거라. 어서 가거라. 어서 가서 내 양 떼들에게 때가 다 되었으니 깨어 있으라고 해라. 깨어 있으라고 해라. 어서 가거라."

"주님, 가기 싫어도 순종하겠어요. 아멘~."

배경 설명

 장성 ○○○ 기도원 원장이었던 ○○○ 목사님을 모시고 부흥성회를 하는 중이었습니다. 성회의 성격은 은사집회였습니다. 그런데 성도들 가운데 거부 반응을 보인 분들이 있었습니다. 그래서 어머니께서 집사들 가운데 불러서 말씀하시라고 했던 것입니다.
 어머니를 통해 주님 말씀을 듣는 것보다 집사들 중 한 사람을 통해 들으면 거부 반응이 없을 것이라고 생각했기 때문입니다. 거부 반응을 보인 사람이 가서 직접 주님을 만나 주님의 음성을 듣는다면 훨씬 핍박이 적을 것이라는 단순한 생각이었습니다. 그런데 성령을 훼방하고 거역하는 사람에게 주님께서 불러 말씀하실 리가 만무합니다.

그때 저는 그 교회에서 연단을 받고 있었습니다. 이 부분은 이후에 더 자세하게 말씀드리겠습니다.

제 큰형님은 전남 여수 앞 어느 섬에서 전도사로 목회를 하고 있었습니다. 불과 몇 년 만에 교회를 크게 부흥시키고 성전까지 건축했습니다. 형님 친구가 여수에서 의원을 하고 있었기 때문에 배 시간이 맞지 않으면 그곳에 가서 얘기도 나누고 하는데, 갈 때마다 간단한 건강 체크를 하면서 늘 하는 말이 "자네는 백 년도 더 넘게 살겠네. 아주 모든 것이 완벽할 정도로 건강하네"라는 말을 자주 했었습니다.

그런 형님을 39세 때 주님께서 불러가셨습니다. 돌아가시기 전 형님께서 어머니께 '전에 민규(제 바로 위의 형)를 잃었을 때 마음이 어떠했느냐'고 물었습니다. 제 바로 위의 형은 태어나서 한 해가 되기 전에 죽었는데, 그 민규가 죽었을 때 어머니 심정이 어땠냐고 했습니다. 그러자 슬픔보다는 주님께 영광이 가려진 것 같아서 마음이 아팠다고 했습니다. 그러자 형은 어머니께 욥의 믿음을 본받으라고 하며 그 많은 자식을 잃고도, 주신 자도 여호와시요 취하신 자도 여호와시라고 하면서 원망이나 불평을 하지 아니했던 욥의 신앙을 꼭 본받으라고 했습니다.

어머니는 일상적인 얘기인 줄 알고 '당연히 그래야지 그래야 하고 말고'라고 받아넘겼습니다. 그리고 어린 손자를 데리고 왔습니다. 그렇게 보름이 지나자 아버지께서 아이도 데려다 줄 겸 내가 한 번 다녀와야겠다고 하고서 가셨습니다.

그러자 아버지께 말씀드리기를 "아버지께 큰 십

자가 하나 놓일 것입니다. 잘 이기십시오"라고 해서 "교회적인 문제냐 가정적인 문제냐"라고 했더니 거기에 대한 대답은 없고 "아무튼 십자가를 잘 지십시오"라고 해서 "기도하자" 하고서 돌아오셨습니다.

그리고 며칠 후 또 하루는 설교 노트 가운데 한문이 많이 섞여 읽기 어려운 노트는 따로 해놓고 알아보기 쉬운 노트를 형수님께 보여 주면서 내가 없으면 이걸로 설교를 하라고 했습니다. 그래서 가끔 수요일 예배를 비울 때도 있어서 그런 때를 말하는 모양이라고 생각하고 그렇게 하겠다고 했습니다.

신학교를 합격해 놓고도 가지 않았는데, 학교를 못 간 대신 집에서라도 성경공부를 해야겠다고 형수님과 합의해서 별방 생활을 하고 있었습니다. 신구약 성경을 주석으로 공부를 마칠 때까지만 그렇게 하고 싶다고 해서 별방 생활 중이었는데, 그날도 밤늦게 심방하고 서재에 들어가서 잤습니다.

다음 날 새벽이었습니다. 평소 같으면 사찰이 새벽종을 치기 전에 일어나 준비하는데 종을 다 칠 때까지 일어나지 않아서 어젯밤 늦게까지 환자들 심방을 다녀와서 피곤한 모양이라고 생각하고 들어가 불을 켜고 불렀으나 머리맡에 성경과 주석을 펴 놓고 자다 그대로 주님 나라에 갔습니다.

그 교회 장로님들의 얘기를 들어보니 돌아가시기 전 한 달 동안 새벽설교 내용이 '잘 태어나는 것도 중요하고 잘 사는 것도 중요하지만, 어떤 모습으로 주님 앞에 설 것이냐'는 설교를 하면서 '충성을 다하다가 주님 앞에 서도록 하라'는 설교를 한 달 내내 했다고 합니다. '잘 살기를 원하지 말고 잘 죽기를 원하라'고 말입니다. 그래서 그렇게 설교할 말씀이 없어서 잘 살기보다 잘 죽기를 바라라고 하느냐고 불평을 했는데, 그렇게 가실 줄 알고 그런 설교를 했었지만 그때는 깨닫지를 못했다고 했습니다.

그렇게 주님께 가셨기 때문에 어머니께서 형님에게 '죽을 날도 다 알면서 왜 내게 말을 안 했느냐?'라고 하면서, 말을 했으면 히스기야와 같이 금식하면서 주님께 부탁했을 것이라고 했던 것입니다. 그래서 형님께서 욥에 대한 말씀을 드렸고, 아버지께 십자가가 놓일 것이라고 말씀드렸다고 하면서, 하나님께서 하시는 일을 어찌 말씀 드릴 수가 있었겠느냐고 했습니다. 그러면서 형님이 복이 있어서 먼저 왔다고 했습니다. 과연 형님께서 복이 있어 먼저 가시어 그 영광 중에 지내고 계셨습니다.

주님께서 지옥을 보여 주시면서 거짓말 하는 자들과 믿지 않는 자들이 다 이 유황불에 참여할 것이라고 하셨는데, 거짓말이란 요한일서 2장 22절에 "거짓말하는 자가 누구뇨 예수께서 그리스도이심을 부인하는 자가 아니냐"라고 했고, 요한일서 1장 8절에 "만일 우리가 죄 없다고 말하면 스스로 속이고 또 진리가 우리 속에 있지 아니할 것이요"라고 했기 때문에, 본질적인 거짓말은 결국 예수님을 부인하는 것을 말하며, 자신이 죄인이 아니라고 하는 것을 말합니다.

우리에게 예수님께서 오셔서 죽어 주셔야 하는 것은 우리가 우리의 행위로 구원받을 수 없는 죄인이기 때문입니다. 그런데 자신이 죄인이 아니라고 하는 것은 예수님께서 죽으실 필요가 없는, 십자가를 거부하는 행위입니다. 그러니까 결국 예수님을 필요로 하지 않는 것이고 이것이 바로 거짓말의 본질입니다.

그래서 요한계시록 21장 8절에 "그러나 두려워하는 자들과 믿지 아니하는 자들과 흉악한 자들과 살인자들과 음행하는 자들과 점술가들과 우상 숭배자들과 거짓말하는 모든 자들은 불과 유황으로 타는 못에 던져지리니 이것이 둘째 사망이라"고 하셨습니다.

그리고 주님께서 어머니를 15년 전에 세 번이나 불러 가시려고 했지만 아버지를 생각해서 생명을 연장시키셨다고 했는데, 아주 오래전에 어느 섬에서 목회를 하실 때 아버지께서 수요예배에 말씀을 전하고 계셨습니다. 그때 어떤 청년들끼리 싸우다 한 청년이 교회 쪽으로 도망을 쳤는데, 그 맞은 청년은 도망간 청년이 교회로 들어간 줄 알고 만취상태로 칼을 들고 교회로 뛰어 들어와 소란을 피우고 문을 박차고 나갔습니다.

그 시간 성전 뒤쪽 문 뒤에서 어머니는 아기가 울자 젖을 먹이고 계셨습니다. 만취한 청년은 칼을 휘두르며 난동을 피우다 뒤쪽 문을 발로 걷어차고 나갔는데 어머니는 아기 젖을 먹이다 충격을 받아 쓰러져 의식을 잃었습니다. 섬인지라 무슨 의료시설이 있는 것도 아니고 무슨 교통수단이 있는 것도 아니어서 몹시 위급한 상황이었지만 하나님의 은혜로 소생했습니다.

그 이후로 가끔 조그마한 소리만 들려도 곧 숨이

차오르면서 의식을 잃을 때가 있었습니다. 그래서 응급처치를 위한 방법으로 간단한 시침을 배워 항상 침을 곁에 두고 계셨으며, 또 강심제인가 하는 무슨 주사약을 비치해 두었습니다. 그래서 의식을 잃으면 가슴에 직접 주사를 놓아 소생시킨 때가 한두 번이 아니었습니다.

산간벽지 오지에 무슨 의료시설이 있는 것이 아니고 요즘처럼 전화 한 통이면 응급차가 달려올 그런 세상이 아니었기 때문에 무슨 방법이 없어서 그렇게 했습니다.

요즘 같으면 의료법이니 하는 것에 저촉될 의료행위였지만 1950년대나 1960년대였기 때문에, 그리고 의약분업이 없던 때라서 쉽게 주사약을 구해 그렇게 해서라도 살리곤 했습니다.

그렇게 위급한 가운데 지내다 더 이상 방법이 없다고 생각하고 임종예배를 드리고 관까지 마련한 적이 세 번이나 있었습니다. 그래서 주님께서 아버지를 위해 세 번이나 생명을 연장해 주었다고 하시면서 복음을 전하라고 하신 것입니다.

그리고 생명과일은 가져갈 수는 없지만 먹고는 갈 수 있다고 하셨는데 곁에서 보고 있노라면 군침이 넘어갈 정도로 맛있게 드시고 계셨습니다.

세상의 즐거움 가운데 하나는 먹는 즐거움입니다. 만일 먹는 것이 없다면 세상이 얼마나 무미건조하겠습니까? 그런데 세상은 더 먹고 싶지만 배가 불러서 먹지를 못합니다. 그러다가 과식을 하게 되면 오히려 해가 됩니다.

그러나 하나님 나라의 생명과일은 오직 즐거움을

위해 준비해 두신 것입니다. 세상 음식은 생존을 위해서, 체력을 위해서 먹습니다. 그러나 하나님 나라의 과일은 생존과 관계없이, 체력과 관계없이 그저 성도들의 즐거움을 위해 만들어 두셨는데 아무리 먹고 또 먹어도 배와는 상관없습니다. 입 속의 즐거움만이 있습니다. 그래서 배변활동 같은 생리작용도 없습니다.

세상의 모든 음식은 필요한 영양소를 빼내고 나머지는 배변으로 내보냅니다. 그러나 하나님 나라의 생명과일은 배변할 필요도 없는 오직 즐거움만을 위해 만들어 두신 것이고, 그 과일은 따면 다시 열리고 따면 다시 열리며 열두 가지에 매달 열리는 열매입니다.

"또 그가 수정같이 맑은 생명수의 강을 내게 보이니 하나님과 및 어린 양의 보좌로부터 나와서 길 가운데로 흐르더라 강 좌우에 생명나무가 있어 열두 가지 열매를 맺되 달마다 그 열매를 맺고"(계 22:1-2).

🌸 1979년 12월 어느 날 사택에서

어머니와 마주 앉아 찬송을 부르고 있었습니다.

"저 높은 곳을 향하여 날마다 나아갑니다
내 뜻과 정성 모두어 날마다 나아갑니다
내 주여 내 발 붙드사 그곳에 서게 하소서
그곳은 빛과 사랑이 언제나 넘치옵니다

내 주를 따라 올라가 저 높은 곳에 우뚝서
영원한 복락 누리며 즐거운 노래 부르리
내 주여 내 발 붙드사 그곳에 서게 하소서
그곳은 빛과 사랑이 언제나 넘치옵니다"

두 손을 들고 거의 무아지경으로 감격스럽게 한참을 찬송을 하던 중 뒤로 넘어지셨습니다. 물론 제가 뒤로 가서 받아 조심히 뉘었습니다. 한참을 지나자 주님께서 말씀하셨습니다.

"내가 너희에게 이 고통이 길게 가지 않을 것이라고 하지 않았더냐? 참고 견디라고 해라. 참고 견디라고 해라. 내가 저를 위하여 십자가를 졌더니 어린 종이 저도 나를 위하여 십자가를 지는구나. 가시밭길인 줄 안다. 나도 저를 위해 침 뱉음을 당하고, 나도 저를 위해 뺨도 맞았으며, 나도 저를 위해 발길에 채이기도 했느니라. 잘 참고 견디라고 해라.

잘 참고 견디라고 해라. 괴로울 때마다 부르던 그 찬송을 계속 부르라고 해라. 그러면 위로가 될 것이다. 그리고 자신을 괴롭게 하는 사람들 저주하지 말라고 해라. 위해서 기도하고 축복해 주라고 해라. 때가 되면 저들도 알게 될 것이니라."

"천성에 가는 길 험하여도 생명길 되나니 은혜로다."
"주님, 주님의 어린 종을 붙들어 주옵소서. 감당할 수 있도록 능력을 주옵소서."
"이미 주었노라. 주었기 때문에 견디고 있느니라."

"주여~ 주여~."

"내가 쓰기 위하여 이곳에 보냈는데……못된 놈들~ 내가 기름 부어 세우기 위하여~ 기름 부어 세우기 위하여~ 내 예정 가운데 있는데 저들이 회의를 몇 번 하고 몇 번 했느냐? 너희가 성립되었느냐? 내가 세운 종을 너희가 어찌 맘대로 하려고 하느냐? 어찌 너희 맘대로 하려고 하느냐? 어찌 너희가 내 뜻을 모르고 거스르느냐? 이 교회는 내가 특별히 사랑하기 때문에 특별히 빼낸 내 종을 보냈는데, 아는 자도 있을 것이요 모를 자도 있을 것이다. 그러나 날이 가고 시간이 가면 그 사람도 회개하여 알 때가 있을 것이니 네가 눈물을 더 흘려라. 천하보다 귀한 생명, 내가 환도(患刀)를 들었다가도 네 기도를 듣고 다시 놓았으니 더 눈물을 흘려라."

"내가 네게 꾸중할 것이 있다."
"주여~ 말씀하옵소서."

"왜 육신을 위하여 집 때문에 그리 걱정을 하느냐? 네가 이 세상에서 몇만 년을 살 것이냐? 내가 이 세상에 강림할 때가 얼마 남지 않았는데 자나 깨나 썩어질 육신을 위하여 왜 집 때문에 그리 걱정을 하느냐? 내가 들을 때마다 내 마음이 얼마나 아픈 줄 아느냐? 괘씸! 괘씸! 세상을 한번 보아라."

"더러워~ 더러워~ 더러워~ 내가 저기서 살았다는 말입니까? 내가 저기서 살았다는 말입니까? 저것을 얻으려고 그렇게 염려했다는 말입니까? 더러워~ 더러워~. 그런데 주님, 저렇게 더러운 곳에서 반짝 반짝 빛나는 곳은 어디입니까? 무엇이 저렇게 빛이 납니까?"

"이제 알겠느냐? 저런 세상에서 저렇게 더러운 것

을 얻지 못해서 그렇게 염려하고 불평하고 그랬느니라. 영의 집을 위하여 그렇게 염려하여라. 네 면류관이 아무리 준비되었을지라도 네가 잘못하면 빼앗길 것이라고 내가 몇 번이나 네게 말하더냐? 빼앗기지 않도록 해라. 그리고 저렇게 빛이 나는 곳은 내가 피 흘려 세운 내 교회니라."

"아멘~ 주님, 용서하옵소서. 용서하옵소서."

"네가 오늘날까지 이렇게 육신의 건강을 유지한 것은 내 은혜인 줄 알아라. 과학적으로 볼 때는 네 육체가 말도 못하게 약하다. 그렇지만 내 은혜로 오늘날까지 건강하게 사는데 왜 감사할 줄 모르고 불평을 하느냐?"

"오~ 주여 용서해 주옵소서. 용서해 주옵소서. 남은 생애 말씀대로 살려고 애쓰겠습니다."

"내가 여기 왔으니 주님, 주님의 종 저의 장남 좀 만나게 해 주세요."

"오냐! 저 천사를 따라가거라."

"할렐루야~ 아멘 아멘 아멘 아멘 아멘 아멘 아멘 아멘 아멘~ 할렐루야~ 저 음악소리~ 저 음악소리~ 저 음악소리~~."

"어머니! 왜 그렇게 저를 보고 싶어합니까? 어머니도 이 나라에 와서 이렇게 영광을 누릴 것입니다."

"인간인지라 그렇다. 나한테 할 말 없느냐?"

"아무 할 말이 없습니다. 아버지, 동생들 다 건강한 줄 이미 알기 때문에 할 말이 없습니다. 그러나 동생더러 참고 견디라고 하십시오. 내가 세상에서 주의 일을 할 때에 저도 눈물을 많이 흘리고, 머리를 벽에다 찧을 때가 한두 번이 아니었으나 그래도 참고 견디었더니 우리 주님 영광의 나라에 와서 이렇게 영광을 누리고 있사오니 동생더러 참고 견디라고 하십시오. 참고 견디라고 하십시오.

여기에 어머니의 상이 큽니다만 어머니 남은 생애 주님의 일 힘써 하시다가 이곳에 오셔야지요. 우리 하나님은 과거는 보시지 않기 때문에 과거에 일 많이 하셨어도 앞으로 어머니 입을 벌려 복음 전하지 아니하면 이 상을 남에게 뺏길까 두렵습니다. 어머니에게 부탁할 말씀 이 말밖에 없습니다. 내 동생 어려운 십자가 이기고 주님만을 바라보면서 따라가라고 하십시오."

"찬규야~ 저 영광 중에 있는 사람들은 누구냐?"

"예, 주님 위하여 애쓰고 힘썼던 성도들, 주님 위해 고생했던 종들입니다."

"아니 그러면 네 친구 종들도 여기에 왔느냐?"

"예, 다 여기 와서 있습니다."

"그럼 만날 수 있겠느냐?"

"아마 주님께서 허락하지 않으실 것입니다. 먼 발치에서만 보십시오."

"할렐루야 아멘~ 할렐루야 아멘~ 내가 어떻게 주님을 따라 이곳에 와서 저 면류관 쓰고, 저 흰옷 입고, 나도 주님과 같이 저 영광을 누릴 것인가! 주여, 저에게 강한 힘을 주시옵소서. 능력을 주시옵소서."

"어머니, 저는 갑니다."

"오냐! 어서 가거라. 어서 가거라. 오~ 저 끌리는 옷~ 저 끌리는 옷~ 오~ 저 백합화 봐라~ 백합화를 밟은즉 다시 일어나고 밟은즉 다시 일어나네. 주님, 감사합니다. 우리 가정은 특별히 빼신 가정으로 우리 아버지 앞에 감사합니다."

"네가 봄으로써 감사하지. 세상에 내려가면 또 잊어버리고 세상 염려 또 하지."

"주여, 남은 생애는 안 하렵니다. 내가 굶어도 주를 위하여, 먹어도 주를 위하여 살겠사오니 주여, 나에게 성령 충만함을 주셔야만 되겠습니다."

"오냐! 내가 성령 충만함을 주마. 그러나 내가 너를 용서하는 까닭은 인간이기 때문에, 때로 넘어지는 것을 알기에 너를 용서하는 것이니 앞으로는 그러지 마라. 무엇보다 신경질 내지 마라. 신경질은 마귀가 주는 것이니라. 그것은 내가 주지 않는다. 나는 기쁨과 영원한 소망을 네게 주지, 신경질이나 짜증이나 세상 염려 주지 않는 것을 알고 그대로 믿고 세상에 내려가거라."

"주여, 여기서 살겠나이다. 세상에 가지 않겠나이다. 세상에 가지 않겠나이다. 주여, 여기서 살겠나이다."

"아니다. 가야 돼! 가서 내 젊은 종에게, 내 젊은 사모에게, 내 노종에게 가서 부디 말해라. 참고 견디며 나를 따라오라고 해라. 나를 따라오라고 해라. 무거운 짐을 지고 올라가야 평탄한 길이 있지 그것이 무겁다고 밑에서 발버둥쳐봐라. 그 고개를 넘지 않으면 평탄한 길이 없느니라.

내 사복음서에 내가 얼마나, 얼마나 너희가 알아듣기 쉽게 말했느냐? 어찌 됐든 한 달란트 맡은 종이 되지 말고 다섯 달란트 맡은 종이 되라고 하더라고 해라. 그렇게 하려고 하거든 십자가를 지고 갈보리 저 산상까지 올라가라고 해라. 올라가면 내려가는 길이 있는 것을 분명히 저에게 밝혀 줄 것이다.

알고 참고, 믿고 참고, 참고 참아라. 너부터 참아라. 왜 조급해! 왜 조급해! 네게 신신부탁한다. 기도 많이 해라. 네 향이 내게 올라온 것이 적다. 심혈을 기울여 기도할 때가 있는 반면 때로는 중언부언하다 갈 때도 있고 때로는 졸다 갈 때도 있다.

그 기도는 내가 받지 않는다고 몇 번이나 네게 말하더냐. 내가 큰 은사를 네게 주려고 준비했다가 거둬들일 때가 있다. 기도할 때도 마음을 다해서 기도하고 말씀을 볼 때도 마음을 다해서 봐라. 그래야 네 마음에 새겨지지 않겠느냐?

입을 벌리면 찬송하고 입을 벌리면 전도해라. 나는 너를 사모로만 택하지 않고 사명자로 택했다고 너에게 몇 번이나 말하더냐? 왜 그 열심이 끊어졌느냐? 복음을 전해라. 네가 뿌리면 거둘 때가 있느니라. 뿌려라! 뿌려 뿌려!"

"아멘~ 아멘~ 아멘~."

"저 천사를 따라서 어서 가거라."

"안 해요. 안 가렵니다. 주여, 안 가렵니다."

"어서 가거라. 너를 기다리는 사람들이 있지 않느냐? 어서 가거라."

"주여, 가기 싫어요. 가지 않으렵니다."

"순종해라. 순종하지 않는 것도 죄니라. 어서 가거

라. 그리고 이곳을 소망 삼고 살라고 해라. 내가 세상에 갈 때가 다 되었으니 깨어 경성하라고 해라. 어서, 어서 가거라."

"아멘!"

🌸 배경 설명

그때 저는 그 교회에서 연단을 받고 있었습니다. 제 성격이 불같아서 그렇게 꺾지 않으면 도저히 주의 일을 하지 못할 것 같아서인지 그 교회에 보내서 모진 연단을 시켰습니다. 장로는 없는 교회인데 몇몇 세력 있는 집사들이 온갖 중상과 모략을 다했습니다.

목회하다 은퇴하신 아버지를 잠깐 모시고 있었는데, 아버지와 의기투합해서 교회 재산을 빼돌린다고, 그래서 땅을 사놓았다고 온갖 악담을 다 하고 다녔습니다. 제직회의를 할 때도 인신공격을 일삼았습니다. 그래서 제직회의 때가 되면 가슴이 뛰고 입이 타들어갔습니다. 심지어 신경성 위장병에 걸리기도

했습니다. 그래도 주님께서 참으라고 하시니 입을 다물고 있는데, 심장은 터져버릴 것 같았습니다.

그렇다고 하면 교회 부흥은 불가능합니다. 그런데 교회는 불같이 일어나고 있었습니다. 주일마다 부흥회였습니다. 정말로 뜨거웠습니다. 4년 동안 장년과 유년부는 배로 불어나고, 중고등부 학생은 세 배로 불어났으며, 재정은 네 배로 불어났습니다.

그래서 연단을 받으면서도 견딜 수가 있었습니다. 물론 주님께서 어머니를 입신시켜 끊임없이 참고 견디라고 하셨기 때문인 것은 더 이상 말할 필요도 없는 사실입니다. 나도 너 위해서 그렇게 십자가를 졌다고 말입니다. 그래서 참고 견딜 수가 있었습니다.

그리고 그때 아버지께서 전도사로 시무하시다 장로 장립을 받기 위해 은퇴하시고 제가 모시고 있으면서 우리 교회에서 장립을 받게 하려고 했습니다. 장로 안수를 받고 다시 목회 나가실 것이기 때문에 당회장님께서 노회에 청원을 하였습니다.

당회장님이 제직회의를 하면서 노회에 청원을 하겠다고 했을 때는 그렇게 하라고 가결을 했으나 공동의회 때 부결시키기 위해서 요식행위로 허락했던 것입니다. 그리고 주일마다 오후에 젊은 사람들이 모여서 공동의회 때 부결시키자고 했습니다. 그때 장년 120여 명 가운데 공동의회원이 100여 명 되었습니다.

그중에 25세에서 32세까지의 젊은이들이 35명 정도 되었습니다. 그런데 어떤 세력 있는 집사님이 선동해서 주일마다 자기 집에 모이게 하고, 마침 돼지 파동도 있고 해서 돼지를 잡아먹어 가며 모의를 했습니다. 자신들뿐 아니라 가족까지, 그리고 친척과 이웃까지 철저하게 포섭해서 부결시키자고 말입니다. 그렇게 해서 저들은 부결될 것이라고 확신을 했었는데, 개표를 하자 3분의 2에서 한 표를 더 얻어 가결되었습니다.

그런 후 어떤 남자집사가 갑자기 토혈을 해서 광주 기독병원에 데리고 갔다 오는데, 버스 안에서 앞서 얘기한 대로 했다고 고백을 했습니다. 그렇게만 된다면 4분의 1도 찬성을 안 할 것이라고 했는데, 한 표를 더 얻어 가결된 것을 보고 자신들이 하나님의 뜻을 거스렸다고 했습니다.

그래서 주님께서 내 뜻이 있어 기름 부어 세우려

고 보냈는데, 회의를 몇 번 하고 몇 번을 했느냐고 하시면서 너희 뜻대로 되었느냐고 하셨던 것입니다.

그리고 입신하셨다가 깨어나신 어머니께 물었습니다.

"어머니, 입신 중에 '아이구 더러워, 아이구 더러워, 내가 저 속에서 살았습니까? 저것을 더 얻으려고 그렇게도 염려하며 살았다는 말입니까? 아이구 더러워, 아이구 더러워' 하시던데 무엇이 그렇게 더러웠습니까? 세상은 하나님께서 창조하신 후 보시기에 심히 좋았다고 했는데 말입니다."

어머니께서는 사람의 탐욕으로 인한 부귀와 영화들이 마치 쇠똥구리가 쇠똥 속에서 쇠똥 한 웅큼 더 차지하려고 싸우고 있는 것과 같더라고 했습니다.

세상에서는 화려하게 보이는 모든 것들이 주님 나라에서 보니 그렇게 보이더라고 했습니다. 그리고 그 속에서 반짝반짝 보석처럼 빛나는 곳이 바로 교회라고 했습니다.

 아무리 시골 벽촌의 교회라도 말입니다. 건물은 그렇게 낡고 초라할지라도 주님께서 세운 교회라서 그렇게 찬란하게 빛나더라고 하셨습니다.

🌸 1980년 7월 어느 날 사택에서 새벽에

그날도 여전히 어머니와 마주 앉아 찬송을 부르고 있었습니다.

> "내 영혼이 은총 입어 중한 죄짐 벗고 보니
> 슬픈 많은 이 세상도 천국으로 화하도다
> 할렐루야 찬양하세 내 모든 죄 사함 받고
> 주 예수와 동행하니 그 어디나 하늘나라
>
> 주의 얼굴 뵙기 전에 멀리 뵈던 하늘 나라
> 내 맘속에 이뤄지니 날로 날로 가깝도다
> 할렐루야 찬양하세 내 모든 죄 사함 받고
> 주 예수와 동행하니 그 어디나 하늘나라

높은 산이 거친 들이 초막이나 궁궐이나
내 주 예수 모신 곳이 그 어디나 하늘나라
할렐루야 찬양하세 내 모든 죄 사함 받고
주 예수와 동행하니 그 어디나 하늘나라

저 높은 곳을 향하여 날마다 나아갑니다
내 뜻과 정성 모두어 날마다 기도합니다
내 주여 내 발 붙드사 그곳에 서게 하소서
그곳은 빛과 사랑이 언제나 넘치옵니다

내 주를 따라 올라가 저 높은 곳에 우뚝 서
영원한 복락 누리며 즐거운 노래 부르리
내 주여 내 발 붙드사 그곳에 서게 하소서
그곳은 빛과 사랑이 언제나 넘치옵니다"

무아지경으로 찬송을 드렸습니다.

주의 나라를 너무 소망하기에 억제할 수 없는 감사함으로 찬송을 드렸습니다.

어머니의 찬송하는 것을 보면서 이번에도 입신할 것을 직감하고 뒤로 가서 준비했습니다.

찬송 중에 넘어지는 어머니를 받아 조심히 뉘었습니다.

그리고 혈액이 굳지 않도록 얇은 이불로 덮었습니다.

그리고 잠시 후~

"오~ 할렐루야~ 할렐루야~ 아멘 아멘 아멘~ 할렐루야 아멘~ 할렐루야 아멘 아멘 아멘 아멘 아멘 아멘 아멘~."

"네가 왜 너 혼자 하는 것같이 염려하느냐? 왜 염려하느냐? 네가 왜 너 혼자 하는 것같이 염려하느냐? 염려하지 마라."

"주님, 주님~."

"근심하지 마라. 내 노종이 그렇게 아프다고 근심하느냐? 왜 네가 나를 의심하느냐? 내가 몇 번이나 네게 말하더냐? 십자가를 지고 가야 하리라고 말하지 않더냐? 내 노종이 져야 할 십자가 아직 멀었다. 져야 할 십자가 아직 멀었다. 멀었다. 십자가를 지고 나를 따르라고 하지 않더냐? 나도 너를 위하여 십자가를 졌으니 너도 나를 위하여 십자가를 져라. 그 십자가는 육신의 십자가요, 자녀의 십자가요, 내 몸 된 교회의 십자가다.

염려 마라~ 염려 마라~ 염려 마라~ 네가 세상에

살면 얼마나 살 것이냐? 물질이 없다고 왜 고통스러워하느냐? 나를 위해서 그렇게 고통스러워해 보지. 왜 물질 때문에 그렇게 고통스러워하느냐? 네 입으로는 그 나라의 의를 구한다고 하지만 네 마음은 그렇지 않구나. 무엇을 먹을까 어디서 살까 걱정하는구나. 그러지 말아라. 그러지 말아라. 이 나라에 네 거처가 있으니 걱정하지 말아라.

너 할 일 네가 해라. 너 할 일 네가 해라. 항상 기도하고 범사에 감사해라. 나를 위해서 복음을 전해라. 그렇기 때문에 너를 능력의 사모 종이라고 하지 않더냐? 내 나라를 위해 염려할지언정 너를 위해 염려하지 마라. 왜 혈기를 부리느냐? 내가 준 은사는 감사인데 감사도 그때뿐이고 돌아서서 혈기를 내는구나? 그것은 내가 준 것이 아니다. 마귀가 준 것이다.

마귀가 네 마음속을 빼앗으려고 얼마나 역사하는 줄 아느냐? 역사하는 줄 아느냐? 말씀 보고 깨달을 때 그때뿐이구나. 그때뿐이구나.

네 자녀들을 위해서 걱정하는 대신 기도를 많이 해라. 그 일은 내게 있다. 그 일은 내게 있다. 그 일은 내게 있다. 어린 종이 눈물을 흘리고 새벽마다 기도하는 그 기도 내가 다 들었다. 이미 받았다. 이미 받았다. 나를 위하여 십자가를 많이 졌다. 그 눈물 내가 다 받았다. 잘 참고 잘 견디었다. 내가 이제 십자가 벗겨주마. 나를 위하여 진 십자가를 세상 사람이 알지 못하게 졌구나. 네가 흘린 눈물 내가 다 받았으니, 아버지 앞에 올렸으니 네 소원이 성취될 것이다. 네 소원 내가 이루어주마. 길이 열리는 대로 가거라. 내가 너와 함께하마.

두세 사람이 모여도 내가 역사하지 네가 역사하는 것이 아니다. 역사는 내가 할 것이니 너는 복음만 전하고 혈기는 다 죽여라. 혈기로 네가 실패하지 않느냐? 내가 너를 말세에 큰 종으로 쓰기 위하여 너를 특별히 불러낸 것을 너도 알 것이다. 너도 알 것이다. 잘 참고 견뎠으니 잘 참고 견뎠으니 네 길을 형통하게 하마. 네 길을 형통하게 하마. 내 종이 흘린 눈물 내가 다 받았다. 나도 너를 위해 십자가를 그렇게 어렵게 졌더니 너도 나를 위해 그렇게 어려운 십자가를 진 줄 안다. 염려 마라.

힘써 기도하면 네게 권능, 영권을 주마. 내가 준 영권으로 네가 일할 수 있을 것이다. 걱정하지 말고 순종만 해라. 아골 골짜기라도 내가 너와 함께하마. 내가 너와 함께하마. 너를 위하여 배후에 기도하는 사람이 몇 사람이냐? 그 향을 이미 내가 다 받았다."

"내 노종의 생명은 아직까지 남아 있다. 염려하지 마라. 이것도 그에게 지워진 십자가인 줄 알아라. 십자가인 줄 알아라. 십자가인 줄 알아라. 사모야, 내 말 명심해서 들어라. 내 노종 맘 썩히지 말아라. 혈기로 내 노종의 마음을 썩히는구나. 썩히지 말아라. 고락을 같이한다고 하는 그 마음 변치 않는 줄 내가 안다. 그러나 네가 혈기가 있어. 혈기 부리지 말아라. 내가 네 기도를 종종 들어주는 것을 네가 보지 않느냐? 앞으로도 네 기도를 들어주마. 네 기도를 들어주마. 순종만 해라. 왜 네가 순종을 하지 않느냐? 때로는 순종하지 않는 때가 많구나.

네 면류관을 예비했지만 네가 잘못하면 빼앗길 것

이라고 하지 않더냐? 뺏기지 않도록 충성을 다해라. 충성을 다해라. 충성을 다해라. 기도하고 복음 전해라. 부끄러워하지 말아라. 네가 복음 전하다 부끄러워하면 나도 내 아버지 앞에서 너를 모른다고 부끄러워할 것이다. 복음 전하러 나가다가도 돌아서서 올 때가 있구나. 복음 전해라. 뿌려라! 뿌리면 내가 거두마. 내가 거두마."

"할렐루야~ 할렐루야~ 주님! 할렐루야~ 할렐루야~ 할렐루야~."

"내 복음을 전하기 위해서 너를 건강하게 했으니 복음 전해라. 네가 게으름 필 때마다 네 몸이 약해진 것을 너도 짐작하고 있지 않느냐? 열심히 해라. 네가 남은 세상에 얼마나 복음 전하다가 내 앞에 올 것이냐? 남은 세월 아껴서 열심히 복음 전해라. 때가 급하다. 세상 징조를 보아라. 세상 징조를 보아라. 때가 급하니 힘써 복음을 전하여 내 앞으로 인도해라. 너 할 일은 전하는 것이요 거두는 것은 나다."

"주님, 제가 이왕 왔으니 이리저리 좀 다녀보고 싶어요."
"천사를 따라가거라."

"아멘~ 할렐루야~ 할렐루야~ 할렐루야~ 할렐루야~ 유리바다 건너편에 있는 저 생명과일~ 내가 이 나라에 오면 저것을 먹을 것이지~ 먹을 것이지~ 먹을 것이지~ 오! 할렐루야~ 천사님, 내가 여기 왔으니 내 아들 좀 보고 싶어요."
"주님에게 말씀 드리자."

"주님, 내 아들 보고 싶어요. 내 아들 보고 싶어요."
"천사 따라가거라."

"아멘~~ 아멘~~ 아멘~~ 아멘~~ 할렐루야 아멘~ 할렐루야 아멘~."
"어머니, 또 오셨군요. 어머니, 아직까지 나를 잊지 않으셨습니까? 어머니, 우리 어머니 세상에서 고생한 줄 압니다. 이 나라에 오면 이렇게 평안이요, 이 나라에 오면 이렇게 좋답니다. 어머니, 세상에 오래 계시지 않을 것입니다."
"오~ 찬규야~ 나도 여기 살고 싶다."
"아닙니다. 때가 있습니다. 때가 있습니다. 어머니는 지금 오시면 안 됩니다. 그러나 주님께서 부르실 때가 있을 것입니다. 어머니와 아버지를 부를 때가 있을 것입니다. 세상에 계시는 동안 충성을 다하세요. 이 나라에는 충성밖에 없습니다. 순종밖에 없습니다."

"아멘~ 아멘~ 할렐루야~ 할렐루야~ 할렐루야~."

"어머니, 어서 가세요. 어서 가세요. 나는 가야 하겠습니다."

"어서 가거라. 주님 계신 곳에 어서 가거라. 나는 이번에 왔으니 가고 싶지 않구나. 어서 가거라. 할렐루야 아멘~ 할렐루야 아멘~ 끌리는 저 흰옷~ 끌리는 저 흰옷~ 저 금면류관~ 저 금면류관~ 할렐루야 아멘~ 천사님, 주님에게 말씀하세요. 저 세상으로 가지 말라고."

"어허, 때가 있는 것이다. 때가 있는 것이다. 세상에 가서 주의 복음 전해야지. 이번에 본 광경 말해야지. 어서 가거라. 어서 가거라."

"나 여기 살고 싶어요. 주님, 나 여기 살고 싶어요. 나 여기 살고 싶어요."

"아니다. 어서 가거라. 세상에서 기다리는 사람들이 있다. 어서 가거라. 어서 가거라. 어서 가거라."

"아멘~."

배경 설명

앞서 말한 대로 연단을 받고 있었는데 이제 그 연단이 끝났다고 하시면서 길이 열리는 대로 가라고 하셨습니다. 그리고 주님께서 함께하시겠다고 하셨는데 과연 지금까지 주님이 함께하셔서 도저히 제 힘으로 할 수 없는 일들을 했습니다. 정말로 제 자신이 생각해도 신기할 정도로 주님께서 함께하셨습니다.

제가 성격이 불같았는데 어떻게 참아지는지 제 자신이 생각해도 신기할 뿐입니다. 그때 연단 받은 결과라고 생각합니다. 주님께서 참게 하셨음은 더 말할 것도 없습니다. 그리고 대적했던 사람들을 다 녹이셨습니다. 아니면 사랑으로 대해 줬지만 제 곁에서 스스로 떠나게 하셨습니다. 그렇게 해서 지금까지 목회가 평안하게 해주셨습니다. 그리고 어려운 여건들 속에서도 몇 군데 교회를 건축하게 하셨는데 놀라운 주님의 능력으로 그렇게 했습니다.

예를 들어 어떤 교회에서 직영으로 종합평수 250평의 성전을 건축하는데 문제는 모래를 구할 수가 없었습니다. 그 당시 확인할 수는 없었습니다만 광주 상무대를 장성으로 옮기기 위해 상무대를 건축하면서 매일 레미콘 트럭이 380대씩 들어갔다고 했습니다. 그래서 그 근방 일대에 모래가 바닥났습니다. 성전 기초 공사를 해놓고 수석 장로님께 15만 원을 드리면서 모래 한 차 사오라고 했더니 하루 종일 다니면서 구해 온 모래가 흙 반 모래 반이어서 결국 쓰지 못하고 마당에 깔아버리고 말았습니다.

그렇게 모래를 구하지 못하고 있는데 하루는 어떤 건장한 사람이 술을 한 잔 먹고 코란도를 타고 와서 말을 걸어왔습니다. 그래서 시비 거는 줄 알고 당신이 누구냐고 했더니 혹시 김성규 목사 아니냐고 해서 그렇다고 했습니다. 그랬더니 차에서 내리며 하는 말이 친구도 몰라보느냐고 했습니다. 유심히 보니 과연 친구였습니다. 그 친구와 헤어진 지 30년 가까이 지났는데 아버지가 목회하시던 마을 친구였습니다.

그때 저는 군 입대를 했고 군 복무 중에 아버지께서 부임지를 옮기셨기 때문에 그 이후로 그 친구와 연락 한 번 못하고 살았습니다. 뿐만 아니라 그 누구에게도 안부를 물어보지 않았습니다. 가는 길이 서로 다를 뿐 아니라 만날 일이 없어서 죽었는지 살

앉는지도 전혀 모르고 지냈습니다. 그런데 그 친구가 찾아왔던 것입니다. 그래서 내가 여기 있는 줄 어떻게 알고 찾아왔느냐고 했더니 어떻게 어떻게 알고 찾아왔다고 했습니다.

그래서 지금 어디서 무엇을 하며 살고 있느냐고 했더니 4킬로미터 밖에 있는 큰 저수지에서 모래 채취를 하고 있다고 했습니다. 그래서 "보다시피 우리 교회 성전 건축을 시작했는데 모래를 구하지 못해서 짓지를 못하고 있으니 모래 좀 달라"고 했습니다. 그랬더니 "내가 왜 너희 교회에 모래를 주어야 하느냐"고 해서 그러면 "교회에 주지 말고 나를 주라"고 했습니다. 그렇게 해서 성전 건축을 마칠 때까지 마음껏 가져다 썼습니다.

모래를 가지러 가면 덤프트럭들이 20~30대씩 줄

을 서 있었습니다. 모래를 받기 위해서입니다. 그런데 가기만 하면 즉시즉시 모래를 줘서 무사히 건축을 마쳤습니다.

건축을 다 마치고 그래도 얼마나 줘야 할지 물어보기 위해 갔더니 온다간다 말 한마디 없이 사라지고 없었습니다. 정말 어머어마한 장비였는데 언제 그렇게 갔는지 모르겠습니다. 그 친구는 그렇게 바람같이 왔다 바람같이 사라져버렸고, 그 이후 연락처도 모른 채 지금껏 살고 있습니다. 주님께서 그 친구를 천사처럼 교회에 보내주셔서 성전을 건축하도록 도우셨습니다.

고마운 그 친구 예수님 영접하고 함께 주의 나라를 소망하며 살았으면 좋겠습니다. 그 외에도 기적 같은 일들이 많았지만 자고할까 싶어 기록하지 않겠습니다.

그리고 어머니께 건강하게 해줄 테니 복음 전하라고 하시면서 "복음 전하지 않으면 네 몸이 약해지는 것 너도 알지 않느냐"라고 하셨는데, 정말 열심히 복음을 전하고 다니실 때는 건강하시다가 복음 전하는 일을 소홀히 하면 몸이 약해지시는 것을 수없이 보았습니다.

> "주께서 내 곁에 서서 나에게 힘을 주심은 나로 말미
> 암아 선포된 말씀이 온전히 전파되어 모든 이방인이
> 듣게 하려 하심이니 내가 사자의 입에서 건짐을 받았
> 느니라"(딤후 4:17).

하나님이 어머니께 건강을 주신 목적은 오직 복음

을 전하게 하기 위함이었습니다.

그리고 아버지가 져야 할 십자가가 아직 남아 있다고 하면서 그 십자가를 지라고 하셨습니다. 그리고 아버지께 혈기 부리지 말라고 하신 것입니다. 가끔씩 은퇴하고 사실 집 때문에 아버지께 불평을 하곤 했었습니다. 그래서 주님께서 혈기부리지 말라고 하시면서 왜 살 집 때문에 걱정하느냐고 하셨습니다.

언젠가 입신하실 때 네 남편이기 전에 내 사랑하는 종이라고 하셨습니다. 주님께서 주님의 종들을 얼마나 아끼는지 모릅니다. 아무리 부부지간이라고 해도 남편 이전에 예정하신 주님의 종이라고 하셨습니다. 그래서 아무리 부부일지라도 주의 종에게 불평하는 것을 싫어하시는데, 하물며 성도들이 주의 종들에게 불평하는 것을 어찌 용납하시겠습니까?

사실 제 어머니께서는 주님의 종들을 마치 주님을 대하듯 그렇게 하셨습니다. 어느 교회 목사님이시든 전도사님이시든 주님의 종이라고 하면 주님을 대하듯 그렇게 하셨습니다.

그런데 아버지는 아무래도 남편이고 또 투정을 털어놓을 곳이 아버지밖에 없기 때문에 그렇게 했습니다. 어쩌다 은퇴하고 살 집 때문에 걱정을 하면서 볼멘소리를 하시는데, 주님께서는 어머니가 그렇게 하는 것을 싫어하신 것입니다.

어머니를 사모로만 부르시지 않고 말세에 사명자로 부르셨다고 하셨지만, 아버지께 불평하고 혈기부리는 것을 그렇게도 싫어하셨습니다. 주님의 종이라고 말입니다.

주님께서 그렇게도 어머니를 사랑하셨는데, 그래서 이렇게 가끔 주의 영화로운 나라를 보여 주시곤 하셨는데, 어머니도 주님의 종이라고 하셨는데, 그 불평이 생존의 욕구 가운데 하나인 주택 때문인데도 그렇게 싫어하셨다고 하면, 일반 성도들이 주의 종에 대해서 편론을 하고 불평과 불만을 할 때 얼마나 주님께서 싫어하시겠습니까? 정말 얼마나 싫어하시는지 모릅니다. 교회라고 하는 목장에 목자로 세우셨기 때문입니다.

🌼 1980년 10월 어느 날 아버지 시무하는 교회에서

"할렐루야 할렐루야 아멘~ 할렐루야 아멘~."

"너희의 울부짖는 소리를 내가 다 듣는다. 왜 그렇게 나를 쥐어뜯느냐? 어째서 너희가 내 뜻을 돌이키려고 하느냐? 내 노종을 세상에 두기가 너무 아까워. 많은 고생 다 했으니까 너무 아까워. 그래서 내가 데려오려고 하는데 어째서 그렇게 합심해서 나를 쥐어뜯느냐? 너희 가슴 치는 것이 내 가슴 치는 것인 줄 왜 모르느냐? 그러지 마라. 너희가 그렇게 하면 눈물에는 내가 약하다. 눈물에는 약한 줄 너희들도 알지 않느냐? 너희가 눈물을 흘리고 나를 성가시게 하니 내가 뜻을 돌이킬 수밖에 없겠구나.

내 노종, 내 노종, 내 노종, 너희는 육신의 아버지

라고 하지만 내 종이다. 그러니 너희는 기도를 해봐라. 너희가 울부짖고 기도하니 내 마음이 약해졌구나. 내가 전에 너에게 말하기를 내 뜻을 돌이키지 않겠다고 확답을 안 해줬는데 어째서 그렇게 울부짖고 그러느냐? 내 노종이 지금 오면 연령으로 봐도 좋고 모든 면으로 봐서 좋은 것인데 너희가 그러는구나. 내 양 떼들이 울고불고 하는 것 내가 그 눈물 다 보았다. 그러니 기도해 봐라. 기도해 보면 아버지의 뜻이 돌이켜질 것이다.

그러나 내 젊은 종에게 부탁한다. 사랑이 있어도 가고, 사랑이 없어도 가거라. 어디든지 길 열리는 대로 가거라. 가기는 네가 가지만 내가 따라가서 역사는 내가 할 것이다. 나를 위하여 십자가를 진 줄을 안다. 인간 세상에서 훈련도 힘들다 하거든 내가 크게 쓸 종이라 큰 역경 가운데서 지내게 하는구나. 그러니 길 열리는 대로 가거라. 사람이 많다 적다 하지 말고 가거라. 동서남북 어디든지 내가 동행하마. 어디든지 가면 배후에 내가 역사해 주마."

"주여~ 감사합니다. 감사합니다. 아멘~ 아멘~ 아멘~ 아멘~. 주여 감사합니다."

"내가 너를 야단칠 때도 있지만 치하할 것도 많다. 입만 열면 예수 믿으라고 전도한 줄을 내가 네 뒤에 따라다니면서 보았다. 너는 지옥과 천국을 분명히 가르쳐주더구나. 잘 한다. 그렇게 해야 된다. 너는 뿌려라 내가 거두마."

"주님, 내가 한 가지 원하는 소원을 이루어 주소서. 당신의 노종이 못다 한 일 더 해야 하지 않겠습니까? 살려만 주신다고 하면, 살려만 주신다고 하면 내 몸의 뼈가 가루가 된다 할지라도 주님 앞에 충성하겠습니다. 충성하겠습니다. 주님의 어린 종이 목사 안수 받을 때까지만 당신의 노종을 살려주세요."

"너는 왜 살려달라고만 하느냐? 세상은 고생이다. 내 노종 고생 많이 했다. 내 노종 고생 많이 했다. 그렇게 구하지 말고 그저 저 나라에 가기를 구해라. 내 나라에 오기를 구해라."

"아니올시다. 아니올시다. 우리 ○○제단을 어떻게 하려고 하십니까? 우리 ○○제단 안타깝지도 않습니까? 주여, 우리 ○○제단 양 떼들 얼마나 눈물 흘리고 기도하는지 아십니까?"

"오냐, 그 기도 내가 들었다. 그 기도 내가 들었어. ○○제단은 버리지 않겠다. 내 장중에 붙드는 교회인 줄 알아라. 너희 기도 다 듣고 내가 내 교회를 사랑할 것이다. 그러니 염려하지 마라."

"주여, 당신의 종부터 살려주세요."

"기도해 봐라. 기도해 보면 내 뜻이 돌이켜지겠지. 기도해 봐라. 내 종들이 곳곳에서 나를 쥐어뜯는구나. 왜 나를 그렇게 괴롭게 하느냐? 물론 괴로우면 못 견디어 응답하겠지. 그러나 이곳저곳에서 몹시 내 가슴을 치는구나. 몹시 내 가슴을 치는구나. 오냐, 그럴 것이다. 그렇게라도 해야지.

그렇게 하면 내 뜻이 돌이켜지겠지. 너, 왜 그렇게 염려하느냐? 너 있을 곳 때문에 왜 그리 염려하느냐? 염려하지 마라.

세상은 잠시잠깐 아니냐? 이 나라에 네 좋은 집을 준비해 놓고 기다리고 있는데, 너는 왜 의지할 곳이 없다고 그렇게 염려하느냐? 네 자식들, 내 사랑하는 귀한 종들이 얼마나 어머니를 서로 모시려고 하는 줄 너도 알지 않느냐? 왜 네 생각대로 살려고 하느냐? 네 생각대로 살지 말아라. 잠잠하고 있으면 내가 뜻을 다 이루어주마."

"아멘~ 아멘~ 주여, 감사합니다. 주님, 이왕 왔으니 세상에 가라고 하지 마세요. 세상에 가라고 하지 마세요."

"안 된다. 너는 아직 올 때가 못 되었어. 내 노종은 여기서 제사장으로 쓰기 위해서 부르지만 너는 아직 올 때가 못 되었어. 자식들 위해서 기도도 더 많이 하고 복음도 전해서 죽어 가는 생명들 내 앞으로 인도해야 되지 않겠느냐? 그런데 너는 네 생각대로, 네 생각대로 살려고 하는구나. 내가 네게 좋은 은사를 주었는데 은사 소멸하지 말고 활용해라. 나를 위해서 충성을 다 해라.

내 종, 네 남편 내게 오는 것 슬퍼하지 말고 네 일만 다해라. 기도해라. 기도해라. 기도하면 아버지께서 뜻을 돌이키시겠지. 네 몸과 마음과 정성을 다 바쳐서 내 앞에 충성을 다하면 내가 네게 주려고 하는 상을 다 네게 보여 주지 않더냐? 내가 네 자식들에게 능력을 주어서 크게 쓰고 있는데, 네가 무엇 때문에 고통과 염려에 싸여 있느냐? 내 노종을 내가 부르는 것이 그렇게 네게 고통이 되느냐? 잘못되었어. 네 생각이 잘못되었어. 너는 내 뜻을 위하지 아니하고 네 생각만 위하는구나. 너는 내 뜻을 위하지 않고 네 생각대로 살아보려고 하는구나. 그러지 말아라. 그러지 말아라."

"주여~ 충성하지 못한 것 충성하겠사오니 뜻을 돌이켜 주세요. 뜻을 돌이켜 주세요."

"오냐, 기도해 봐라. 기도해 봐라. 어서 세상에 내려가거라."

"아니에요. 세상에 가기 싫어요. 가기 싫어요. 여기서 살고 있으면 당신의 노종이 올 것 아닙니까? 같이 살고 싶어요."

"어허! 또 네 생각, 왜 또 네 생각을 하고 있느냐? 또 그런 생각을 하고 있어. 그러지 말라고 했거늘. 너는 아직 올 때가 못 되었어. 세상에 내려가서 너는 범사에 감사해. 감사해. 나를 위하여 눈물 흘릴지언정 너를 위해 눈물 흘리지 마라. 너를 위하여 눈물 흘리는 것은 내게 아무 유익이 없어. 너를 위하여 십자가 진 것을 깨닫고 나를 위하여 눈물 흘리면 네 기도도 내가 응답해 주마."

"아멘~ 아멘~."

"어서 세상으로 가거라. 세상으로 가서 입을 열면 감사 생활을 해라. 입을 열면 복음을 전해라. 네 입에서 찬송이 왜 끊어졌느냐? 찬송을 열심히 해라. 찬송은 소리 나는 기도라고 하지 않았느냐? 네가 세상 노래 좋아하지 않고 내 앞에서 찬송하는 것 기뻐하더니, 내 노종으로 인해 네가 왜 그렇게 근심에 싸여서 찬송을 잃어버렸느냐? 찬송을 불러라. 내가 네 앞길을 형통하게 해주마."

"아멘~ 아멘~."

"어서 세상으로 내려가거라. 내려가서 여기서 보는 것과 듣는 것 다 전해라. 나를 위해서 기도할 사람은 기도하게 하고 감사할 사람은 감사하게 하라. 어서 내려가라. 어서 내려가거라. 사랑하는 내 양 떼에게 깨어 준비하라고 해라. 내가 머지않아 곧 갈 것이니 경성하여 기도하라고 해라. 도적같이 나를 맞이하지 않도록 깨어 있으라고 해라. 어서 가거라."

"아멘~."

🌸 배경 설명

 아버지께서 돌아가시기 1년 전에 불러 가시겠다는 말씀이 어머니 입신을 통해 있었습니다. 그때 아버지 연세가 69세였습니다. 전도사님으로 사역하시다 앞서 언급한 대로 은퇴하고 제가 시무하는 교회에서 장로 안수를 받았습니다. 그리고 다시 목회사역에 나서셨습니다. 연세에 비해 혈기왕성하게 사역했습니다.

 신유의 능력이 엄청났습니다. 특히 귀신들린 환자들은 며칠 내에 완전케 되는 역사들이 있었습니다. 귀신들린 환자의 치료에 대한 권능은 젊어서부터 대단했습니다. 그래서 각 교회에서 귀신들린 자들을 데리고 와서 고침 받아 갔습니다. 말씀의 능력도 대단했습니다. 육체도 건강하셨습니다.

그렇게 활발하게 사역을 하고 계셨는데, 세상 고생 그만 하고 오라는 것입니다. 그런 말씀이 계신 후 몸이 약해져 갔습니다. 그래서 우리 형제들이 주님께 울며불며 기도했습니다. 그래서 어머니께서도 입신 중에 살려달라고 애원을 했습니다. 그런데 주님께서는 너무 사랑해서, 세상에 두기가 너무 아까워서 데려가시겠다고 하셨습니다. 기도해 보라고 하면서도 끝내 살려주시겠다고 확답은 하지 않으셨습니다. 심지어 제가 그때 신학생이었는데, 목사 안수 받을 때까지만이라도 생명을 연장해 달라고 입신 중에 주님께 부탁했습니다. 그렇지만 기도해 보라고만 말씀하셨습니다.

그렇게까지 기도했지만 아버지를 너무 사랑하셔

서 끝내 불러 가시겠다고 하시자, 아버지께서 이제 주님 앞에 갈 준비를 하신다고 담양 ○○○ 기도원에 들어가셨습니다.

그곳에서 60일간 기도하시는데 가끔씩 어머니를 입신시켜 아버지를 위해 예비하신 화려한 황금보석 집을 보여 주시기도 하고, 영광스런 생명의 면류관을 보여 주시기도 하시면서 위로하셨습니다. 그러다 둘째형님께서 시무하시는 교회로 모셔왔습니다.

어머니와 자녀들이 둘러앉아 있는데, 아버지께서 유언을 하시기를 "죽도록 충성해라. 범사에 감사해라"는 말씀을 하시고 "찬송해라"고 하셔서, 평소 아버지께서 힘들 때마다 즐겨 부르셨던 '주 안에 있는 나에게 딴 근심 있으랴'와 어머니가 늘 소망 중에 부르셨던 '저 높은 곳을 향하여 날마다 나아갑니다'를 불렀습니다. 아버지께서도 그 찬송을 함께 부르시더니 오른손을 높이 들고 "나는 승리했다. 나는 승리했다. 나는 승리했다"를 크게 외치시고 방긋이 웃으시면서 소천하셨습니다.

그 순간 곁에서 함께 찬송하며 임종을 지키던 홀로 되신 큰 형수님이 큰소리로 외쳤습니다. "나는 보았네. 나는 보았네. 방금 애 아빠가 천사들과 함께 와서 아버지를 영접하는 것을 나는 보았네. 나는 보았네" 하고 울었습니다. 그래서 물었습니다. 그게 무슨 말씀이냐고 했더니, 아버지께서 소천하실 때 큰형님이 손을 내밀어 아버지 손을 붙잡자 아버지께서 방긋 웃으시면서 운명하셨다고 합니다.

한 번 떠난 인간의 영혼은 임의로 세상에 올 수 없습니다. 귀신들린 자들이 어떤 사람의 영으로 역사하는데 그 사람을 가장한 것뿐입니다. 전에 어떤 목사님은 귀신이란 제 명에 죽지 못해 죽은 영혼들이라고 했지만 잘 몰라서 하는 얘기입니다. 귀신들린 환자를 다뤄보면, 귀신이 불의의 객사(客死)를 한 사람들이나 불미스럽게 죽은 사람의 영으로 가장합니다.

제가 목회했던 첫 목회지에서 있었던 일로 이웃 교회에서 귀신들린 환자를 데려왔습니다. 화장실에 빠져 죽은 할아버지 귀신이 들렸다고 말입니다. 정말로 예배를 드리면 화장실에 빠져 죽어 가면서 했던 몸부림을 칩니다. 숨이 막혀 허우적거리는 모습 말입니다. 그러면서 방에는 숨을 쉴 수 없을 만큼 시골 화장실 뒤집어 놓은 냄새로 가득합니다. 함께 예배드리던 사람들이 코를 움켜쥡니다.

그러다 예배가 끝나면 언제 그랬냐는 듯 모든 냄새

도 순식간에 사라집니다. 그 모습을 보고 불미스럽게 죽은 영혼들이라고 속는 것입니다. 그리고 귀신이기 때문에 죽은 사람의 과거를 다 알고 있으며, 그 사람의 행동이나 목소리까지 그대로 흉내 내지만 더 추궁하면 본색을 드러냅니다. 그러기에 한 번 죽은 영혼은 앞서 언급한 것처럼 임의로 올 수 없습니다.

예를 들어 사무엘상 28장 8절 이하에 신접한 여인에 의해서 불려 올려진 사무엘같이 말입니다. 이미 하나님께서 사울 왕에게 어떤 방법으로도 말씀하시지 않으셨는데, 즉 꿈으로도, 우림으로도, 선지자로도 말씀하지 않으셨는데(삼상 28:6) 신접한 여인 즉 무당을 통해 말씀하시겠습니까? 또 위대한 대선지자가 무당에 의해서 조종될 수가 있겠습니까? 또 사무엘이 땅에서 올라오겠습니까? 그러기에 귀신이 사무엘을 가장한 것뿐입니다.

이와 같이 우리 인간은 한 번 불려가면 어떤 경우에도 자기 뜻대로 세상에 올 수가 없습니다. 그러나 주님께서는 필요에 따라서 보내실 수는 있습니다. 주님의 뜻에 의해서 말입니다. 일생 동안 감사로 사셨던 아버지, 일생 동안 생명 다 바쳐 충성하셨던 아버지를 부르시면서 큰형님을 천사들과 함께 보내서 아버지를 영접해 주셨습니다.

그렇게 해서 운명하셨는데 놀라운 일이 있었습니다. 그 교회 집사님 내외가 열심히 신앙생활하고 있었는데, 친정어머니는 신앙생활하지 않는 불신자였습니다. 그런데 그 전날 밤에 꿈속에서 어떤 하얀 옷을 입은 할아버지가 자기 산에서 기도하고 있었습니다. 뭐 대수롭지 않은 꿈이라고 생각했습니다. 그런 꿈을 꾼 다음 날, 즉 아버지께서 돌아가신 그 밤에 또 꿈을 꾸었는데, 어젯밤에 자기 산에서 기도하던 그 노인이 다시 그곳에서 기도하더니 "내가 이곳에 집을 짓고 싶은데 땅 좀 줄 수 없겠습니까"라고 하더라는 것입니다. 그래서 그렇게 하시라고 하고서 꿈에서 깬 후 일어나 앉아 '참 이상한 일이다'라고 생각하고 있었습니다.

이틀 동안 같은 꿈을 연결하여 꾸었으니 말입니다. 그렇게 혼자 앉아 있었는데, 딸과 사위가 새벽기도 마치고 들어와서 하는 말이 어젯밤 우리 교회 목사님 아버지께서 운명하셨는데, 우리 산에 장지를 마련해 줄 수 없겠느냐고 해서 당장 그렇게 하라고 하고서 하나님은 과연 살아 계시는 모양이라고 했습니다. 그리고 바로 교회에 나와서 신앙생활을 시작했습니다.

제가 목회하시는 아버지 밑에서 보았던 것은 먹을 것이 없어서 굶을 때가 많았지만 항상 감사했습니다. 혈기를 부리신 것을 단 한 번도 보지 못했습니다. 새벽기도도 해가 중천에 떠야 성전에서 나오십니다. 어느 때 성전에 들어가 보면, 아버지께서 기도하셨던 곳에 눈물자국이 남아 있던 것을 한두 번 본 것이 아닙니다. 그리고 온갖 충성을 다하셨습니다. 어떤 교회에서 시무하실 때는 그곳에서 7킬로미터 떨어진 외진 곳에 교회를 개척하여 매주 두 번씩 예배를 인도하러 다니셨는데, 다녀오시면 보통 자정이 넘었습니다. 비가 오나 눈이 오나 한결같았습니다. 그때 섬에 무슨 교통수단이 있었겠습니까? 걸어서 그렇게 다니셨습니다. 손수 개척한 교회가 다섯 곳이나 되었습니다. 그렇게 개척하여 교회를 성장시키고 자립

하게 했습니다(1981년 3월 21일자 기독공보), (한국교회 100년 시리즈-한국교회를 빛낸 이들/김병옥 전도사 편-김수진 목사 글).

어머니나 자식들에게는 한없이 아쉬운 때였지만, 주님께서 아버지를 너무나 사랑하셔서 가장 합당한 때에 불러가셨다고 생각합니다.

사실 히스기야를 불러 가시려고 하신 때는 가장 아름답고 가장 합당한 때였지만, 히스기야의 삶에 대한 욕심으로 인해 연장 받은 그 15년은 치욕스런 삶이었기 때문입니다.

모든 영광은 바벨론에게 빼앗길 것이고, 자기의 자손이 훗날 바벨론 왕의 환관이 될 것이라는 비극적인 단초(端初)를 만들었습니다. 또 생명을 연장 받은 2년 후에 남과 북 모든 왕들 가운데 가장 사악한 왕인 므낫세를 낳아 수많은 제사장들을 죽였기 때문입니다. 또 므낫세 때문에 유다 심판을 작정하시고 요시아 같은 왕의 선정(왕하 23:25 "요시야와 같이 마음을 다하며 뜻을 다하며 힘을 다하여 모세의 모든 율법을 따라 여호와께로 돌이킨 왕은 요시야 전에도 없었고 후에도 그와 같은 자가 없었더라")에도 불구하고 하나님께서 유다 심판을 돌이키지 않으셨기 때문입니다. 참고로 요시아는 애굽과의 전투에서 전사했는데 표면적인 이유는 애굽 왕 느고가 하나님의 말씀을 전해주었지만 그 말을 듣지 않았다는 것이 표면적인 이유이고 내면적 이유 즉 진정한 이유는 이사야 57장 1-2절의 하나님께서 사랑하는 자는 환난 당하기 전에 데려가신다는 말씀과 같이 요시아를 사랑하시기 때문에 유다의 멸망을 보지 못하도록 하시기 위함입니다. 마치 사울 가문의 멸망을 보지 못하도록 하시기 위해 그렇게도 하나님의 뜻을 좇았던 요나단을 블레셋과의 전투에서 전사하게 하신 것처럼 말입니다. 그래서 역대하 34장 28절에 "그러므로 내가 네게 너의 조상들에게 돌아가서 평안히 묘실로 들어가게 하리니 내가 이 곳과 그 주민에게 내리는 모든 재앙을 네가 눈으로 보지 못하리라 하셨느니라"라고 말입니다. 이런 충성된 왕이 선정을 베풀며 하나님의 원하심대로 살았지만 그의 충성된 삶으로도 유다 심판의 계획을 바꾸지 않으실 정도로 므낫세가 하나님의 원수인 우상을 전국에 세우고 하나님의 종들을 살해했는데 만일 하나님께서 불러 가시려고 했던 때에 아멘 했으면 그런 결과는 없었을 것입니다.

인간의 사욕은 언제든지 자신과 타인에게 불행으

로 마쳐진다는 것을 우리는 역사를 통해 잘 알고 있습니다. 우리 형제들에게는 한없이 아쉬웠지만 아름다운 충성의 정점에 있을 때 아버지를 불러 가신 것이라고 여겨집니다.

그리고 이번에도 주님은 저에게 길이 열리는 대로 가라고 하셨습니다. 4년 시무하는 가운데 1년이 지나자 모진 고난이 시작되었습니다. 전술한 대로 참으로 고통 가운데 있었습니다. 3년 동안 피눈물 나는 고통을 겪었습니다. 물론 주님께서 지신 십자가에 비하면 아무것도 아닌 것입니다만 그러나 참으로 견디기 힘든 고난이었습니다.

만일 주님의 위로가 계시지 않았다면 도저히 감당하지 못했을 것입니다. 끊임없이 주님께서 위로하시고 위로하셨습니다. 십자가를 지고 가라고 하시면서 예비하신 영광을 말씀하셨습니다. 미처 녹음하지 못해서 올리지는 못하지만 그 크신 위로하심으로 인해 감당할 수가 있었습니다.

그리고 어머니께서 가끔 은퇴하시고 거하실 집 때문에 걱정을 많이 하셨습니다. 부모님께서 치매를 심하게 앓고 계신 할머니를 모시고 목회하셨는데 참으로 고생을 많이 하셨습니다. 어린 우리들의 눈에도 눈물겹도록 고생을 많이 하셨습니다. 주일에 성도들이 오면 없는 말을 하시는 등 수년 동안 그런 할머니를 모시고 목회하시면서 참으로 고생 많이 하셨습니다. 그래서 부모님께서 은퇴하면 자식들 집에 갈 것인데 자식들에게 짐이 될 것을 염려하셨습니다. 그때 요즘처럼 무슨 복지시설이 있는 것도 아니어서 말입니다. 할머니를 모시고 목회하시며 고생을 많이 하셨기 때문에 자식 목회에 짐이 될 것을 생각하시어서 염려하신 것입니다. 그리고 주님께서 혈기 내지 말라고 하셨는데 그 혈기라는 것이 보통사람들처럼 부부 싸움하면서 소리 지르는 것이 아니었습니다. 저는 부모님께서 다투시는 것을 한 번도 본 적이 없습니다. 은퇴하고 거하실 주택 때문에 염려를 하고 계시면 아버지께서 "염려하지 말고 감사하며 삽시다"라고 할 때 '누가 그것을 모르냐' 고 하는 정도였지만 그래도 주님께서는 그것을 혈기로 보신 것입니다. 은퇴하면 어디서 살 것인지, 자식들 다 목회하는데 자식들과 같이 살기는 힘들 것 같다고 하시면서 그렇게 염려를 많이 하셨기 때문에 주님께서 염려하지 말라고 하셨습니다. 이곳에 네 좋은 집 마련해 놓고 종종 보여 주지 않더냐고 하시면서 말입니다.

🌼 1981년 12월 어느 날 부흥성회 중에

"안타깝구나 안타깝구나. 성령으로 역사하고 있는데 은혜 받지 못하는 자들이 있구나. 왜 말씀을 받아들이지 못하느냐? 이번 부흥회는 내가 허락한 부흥회인 줄 알아라. 그런데 왜 마음 문을 닫고 받아들이지를 못하느냐? 내 종이 심히 피곤하다. 심혈을 기울여 말씀을 전하고 있는데 받아들이지를 못하는구나. 말씀을 받아라. 말씀을 받아 마음에 새겨라. 세상이 악하다. 악한 세상을 이기려면 말씀을 받아라. 그래야 세상을 이기느니라. 세상의 물욕, 세상의 정욕, 너희 힘으로는 세상을 이길 수가 없느니라.

말씀을 받아 변화되어라. 변화 받아 거듭나야지 세상을 이길 수가 있느니라. 몇 시간 남지 않았다. 몇 시간 남지 않았다. 내가 불로 역사하겠으니 남은 시간 정성을 바치거라. 육체의 정욕과 안목의 자랑 너희 모든 생각이 성령의 불로 태워져야 한다. 태우지 않고는 거듭날 수가 없어. 거듭나지 못하면 너희 마음의 번민과 고통이 더욱 심하리라. 내가 역사하는 반면에 마귀가 얼마나 역사하는 줄 아느냐? 내 종은 내가 세웠다. 은혜를 사모해라. 부르짖어라. 사모하는 자에게 내가 채우리라. 물질도 내게 바쳐라. 내 창고에 채우면 너희 창고가 넘치도록 채워지는 것을 깨닫고 믿어라.

시간이 없다. 안타까워. 세상일에는 바쁘면서 은혜 받는 일에는 관심이 없구나. 내가 너희에게 축복하려고 창고 문을 열었다가 닫을 때가 얼마나 많은 줄 아느냐? 안타깝다. 안타깝다. 안타깝다. 내 복음서에 전 재산을 팔아 밭을 산즉 그곳에서 보화가 나오더라고 하지 않더냐? 밭을 사서 파라. 파면 보화가 나올 것이다. 너희 기도로 파라. 너희 마음으로 파라. 너희 재물로 파라."

"할렐루야~ 할렐루야~."
"내 사랑하는 종들, 울부짖고 애를 쓰는 내 종들이 많다. 그 눈물 내가 다 받았노라. 가족을 위한 눈물, 남편을 위한 눈물, 자신이 회개한 눈물 내가 다 받았다. 그러나 다는 아니다. 그러나 다는 아니다. 그러나 다는 아니다. 사랑하는 내 종들, 자나 깨나 내 몸 된 교회를 위하여 염려하는 내 종들이 이 가운데 몇 사람이 있구나. 생활이 곤고하다고 염려하지 마라. 내 나라에 너희 상이 준비되었다. 이 가운데 몇이 있구나."

"주님, 그 여종들의 이름을 가르쳐 주세요."

"아니다. 가르쳐 줄 필요는 없지만 내 종들이 쌓아 둔 재물을 이 나라에 보관된 것을 네가 와서 보아라. 그리하면 알 것이다. 그러나 문패는 소리 내서 읽지 마라. 알았느냐?"

"아멘~ 할렐루야~."

"할렐루야 아멘~ 할렐루야 아멘~ 주여, 주님의 여종들이 이름 없이 숨어서 봉사하더니……할렐루야~ 하나, 둘, 셋, 넷, 다섯, 여섯, 일곱, 할렐루야~ 내가 이름을 읽으렵니다."

"아니다. 자신은 알 것이다. 읽지 마, 읽지 마, 읽지 마라. 자신은 알 것이다. 내가 저들에게 가르쳐 주려고 이미 작정했으니 때가 되면 저들에게 보여 주려고 한다. 그러니 너는 보고만 가거라. 내 나라에 재물을 쌓으려고 어려운 가운데 있으면서도 노력하는 내 여종들……이 모든 것은 너희 것이지 내 것이 아니다. 너희를 위하여 내 나라에 쌓아두라고 하는 것이지 나를 위하여 쌓아두라고 한 것이 아니다. 나를 위하여 쌓아두라고 한 것이 아니다."

"그런데 주님, 저기 우리 교회 집사님이 있네요. 무슨 말을 하고 싶어 하네요."

"허락한다."

"권사님, 오셨습니까?"

"집사님, 우리 교회 부인 집사님들의 집은 이렇게 화려한데 집사님 집은 어떤 것입니까?"

"권사님, 제 집은 없습니다."

"아니 왜 없습니까?"

"내가 세상에 있을 때 주님께 드린 것이 아무것도 없습니다. 손자가 주일헌금 하라고 주면 증손자 사탕 사주고, 또 가끔 돈 생기면 모아두었다 증손자 옷 사주고 그랬습니다. 주님보다는 자식들을 더 귀하게 여겼습니다. 주님께 드리기를 아까워했습니다. 그렇게도 전도사님이 하나님께 열심히 드리라고 설교했지만 귀넘어들었습니다. 하늘 창고에 부지런히 채우면 결국 우리의 것이니 인색하지 말고 열심히 주님께 예물 드리라고 하셨는데 귀담아듣지 않았습니다."

"그러면 면류관도 없습니까?"

"예, 없습니다. 주님 공로로 구원은 받아 여기 왔

지만 아무것도 없습니다. 아무것도 없습니다. 부끄럽습니다. 부끄럽습니다. 이렇게 후회될 수가 없습니다. 이렇게 후회될 수가 없습니다. 권사님, 가시거든 내 자녀들에게 말씀 좀 전해 주세요. 세상에 있는 동안 자신의 세상 창고에 채우지 말고 주님 나라에 열심히 채우라고 말입니다. 전도사님이 세상에 재물 쌓아두지 말고 이 나라에 쌓아두라고 그렇게도 말씀을 전했는데 말입니다.

이곳에 와서 보니 성도들이 드린 예물로 고스란히 그들의 집이 지어져 가고 있습니다. 여기에 있는 황금보석으로 꾸며진 집들은 성도들이 어려운 가운데서도 주님께 열심히 드린 예물입니다. 그런데 나는, 나는 주님께 드리는 데 그렇게도 인색했으니 무슨 집이 있겠습니까? 이럴 줄 알았으면 부지런히 이곳에 쌓았을 것입니다. 이 나라의 집은 영원히 자신들의 것인데 나는 집이 없으니 부끄러울 뿐입니다.

그리고 충성하지 않았으니 무슨 면류관이 있겠습니까? 겨우 부끄러운 구원을 받은 것입니다. 내 자녀 손들에게 나처럼 되지 말라고 꼭 좀 전해주세요. 부끄러운 구원받지 말라고 꼭 좀 전해주세요. 충성 다하다 이곳에 오라고 꼭 좀 전해주세요. 세상의 모든 재물 이곳에서는 하나도 필요 없고, 아무것도 가지고 오지 못한다고 꼭 좀 전해주세요. 꼭 좀 전해주세요."

"저 천사 따라 지옥 구경하거라."

"아닙니다. 아닙니다. 지옥은 무서워요. 구경하지 않으렵니다."

"너와 상관없는데 왜 무서워하느냐? 어서 천사 따

라가거라."

"아멘~."

"와 무서워~ 와 무서워~ 훨훨 타는 꺼지지 않는 불~ 훨훨 타는 꺼지지 않는 불~ 저 수많은 사람들~ 저 수많은 사람들~ 머리카락 하나 타지 않네. 머리카락 하나 타지 않네. 아이고~ 저기 ○○○ 있네. 아이고~ 저기 ○○○ 여사도 있네. 세상 권세 다 가지고 세상 부귀 다 누리더니, 못 견디어 몸부리치고 있네. 못 견디어 몸부림치고 있네. 꺼지지 않는 불 속에서~ 꺼지지 않는 불 속에서~ 불 속에서~ 불 속에서~ 주님, 불쌍해서 볼 수가 없습니다. 불쌍해서 볼 수가 없습니다. 안타깝고 불쌍해서 볼 수가 없습니다."

"영원토록 꺼지지 않는 불이다. 두 번 다시 기회가

없느니라. 내가 길이요 진리요 생명이라고 나로 말미암지 않고는 아버지께 오지 못한다고 그렇게도 내 종들이 외쳤건만 코웃음 쳤던 자들의 결국이니라. 네 백성들 가운데 이곳에 올 자들이 얼마나 많으냐? 이곳에 오지 못하도록 힘을 다해 복음을 전하거라. 알지 못해서 이곳에 오는 것이 아니냐? 이곳이 있는 줄 알면서도 복음을 전하지 않으면 죄니라. 그러니 힘을 다해 복음을 전하여라. 복음 전하라고 이곳을 보여 주느니라."

"아멘~ 아멘~ 힘을 다해 복음을 전하겠나이다!"

"이번에 결사적으로, 결사적으로 매달려야 한다. 결사적으로 매달리지 아니하면 악한 영에 사로잡힐 것이다. 흑암에 덮이게 되면 그 사람은 일평생 근심에 싸일 것이다. 명심하고 가서 말해라."

"주님, 그러면 제가 누구에게 말하리까? 누구에게 말할까요? 주님께서 가르쳐 주셔야지요."

"아니다. 공적으로 말해야지 개인에게 말을 하면 그 마음이 좁기 때문에 잘 받아들이지 않는다. 그러니까 비유를 들어 말해라. 내가 너희들에게 비유를 얼마나 많이 가르쳐 주었느냐? 내 복음 전하게 하기 위해서~ 내 복음 전하게 하기 위해서 남달리 네게 지혜도 주었으니 비유로 풀어 주어라."

"할렐루야 아멘~ 할렐루야 아멘~ 생명과일~~ 유리바다 건너편에 있는 생명과일~ 유리바다 건너편에 있는 생명과일~ 가지마다 열두 과일이 맺혀 있네. 주님 나라 오면 마음껏 먹겠지. 할렐루야 아멘~ 할렐루야 아멘~ 주님, 이미 저를 불러주셨으니 이번에는 저를 세상에 보내지 마세요. 옥화처럼, 옥화처럼 이곳에서 살고 싶어요."

"아니다. 옥화는 때가 되어 보내지 않았지만 너는 아직 올 때가 못 되었다. 내 젊은 종과 내 노종이 못 다 한 일 하고 와야 되지 않겠느냐? 네 자식들, 내 종들을 위해 기도해야 되지 않겠느냐? 이만하면 네 소원 다 이루어지지 않았느냐?"

"주여, 어린 종에게 능력을 더하소서."

"오냐, 이미 주었노라. 그러기에 이렇게 충성을 다 하지 않느냐? 나를 위해, 나를 위해 죽도록 충성을 다 하는구나. 제 자신이 하는 것이 아니고 성령께서 붙드시기 때문인 줄 알아라. 성령께서 그 마음에 역사하고 있느니라. 내 어린 종에게 교회 빚 많다고 염려하지 말라고 해라. 내가 역사할 것이다. 부지런히 말씀만 전하라고 해라."

"아멘~."

"그러니 너는 범사에 감사만 해라. 감사만 해라. 육신으로는 네 남편이요 영적으로는 내 종이 이곳에 와서 온갖 영화를 누리고 살고 있는데 네가 너무나 사모하는구나. 네가 얼마 살지 않으면 이곳에 와서 같이 영광을 누릴 것이니 가서 양 떼들을 위해 기도하고 권면해라. 세상 영광을 바라보지 말라고 해라. 이 나라에 너희의 것이 많이 있으니 세상을 바라보지 말고 내 마음을 소유하라고, 내 사랑하는 양 떼들에게 부디 부디 말해라. 부디 부디 말해라. 내 종들을 위해서 기도 많이 해라. 큰 영광이 나타날 것이다. 마음으로 믿는 자는 육신의 질병이 깨끗하게 나으리라고 말해라. 믿느냐?"

"아멘~."

"의심하는 자는 낫지 않아. 의심하는 자는 결코 낫지 않아. 경한 병이라도 의심하는 자는 낫지 않지만, 중한 병이라도 나은 줄 알고 믿는 자는 깨끗하게 되리라고 말해라. 그러나 김 목사가 고치는 것이 아니다. 김 목사를 통하여 성령께서 역사하는 것을 확실히 믿으라고 해라. 그리고 원하는 축복기도 해주라고 해라. 그동안 내 종을 통하여 내가 많이 역사했다. 내가 영광 받으려고 축복기도 해주는 자에게 축복해 주고, 건강을 위해 기도하는 자에게 건강을 주어서 그를 통하여 내가 영광을 많이 받았다. 앞으로도 내 종을 통해 영광을 많이 받기 위해 내가 역사하느니라. 내가 역사하느니라. 내가 역사하느니라."

"할렐루야 아멘~ 할렐루야 아멘~ 저 유리바다 건

너편에 금거문고 타는 소리 할렐루야~ 주님, 저도 거기 가서 우리 주님 모시고 할렐루야 찬송 부르고 싶어요."

"아니다. 어서 내려가거라. 다음 기회에 올 것이 아니냐? 네가 구할 때마다 내가 너를 부르지 않더냐? 어서 가야지. 생명을 바쳐 기도해라. 내 마음이 움직이기까지 힘쓰고 애쓰는 자에게는 건강의 축복과 물질의 축복과 자녀의 축복을 다 이루어 주겠다고 내가 네게 말한 모든 것을 부디 다 전하여라."

"주님, 말씀대로 살아보려고 해도 이렇게 세상을 이기기가 힘이 드네요. 저를 세상에 보내지 말아 주세요."

"아니다. 그것이 인간이란다. 그것이 인간이란다. 네 약함을 내가 모르는 바가 아니다. 그러기 때문에 내가 네게 위로를 주지 않더냐? 네가 내게 기도하는 기도 다 이루어 주지 않았느냐? 너처럼 영적인 복을 많이 받은 자가 누가 있느냐? 그런 것을 생각하면서 위로를 받아야지. 네가 구하는 것들 다 허락하지 않았느냐? 네가 듣고 보면서도 더 달라고 더 달라고 하는구나. 마지막으로 바친 종 둘 남았는데 그들에게도 주리라고 믿어라. 믿어라. 세상 물질 구하지 말아라. 그 나라와 의를, 내 나라와 의를 구해라. 너는 내 안에, 너는 내 안에 있기만 구해라. 그러면 네 마음에 평강이 오리라."

"할렐루야 아멘~ 할렐루야 아멘~."

"어서 세상에 가거라. 기다리는 자들이 있지 않느냐? 어서 가거라."

"주님, 그러면 저는 어느 때나 왔다가 세상으로 내

려가라고 하지 않으시렵니까?"

"내가 네게 그것을 가르쳐주지는 않는다. 그러니 내가 부를 때까지 준비해라. 준비해라. 준비해라. 준비하는 자에게는 도적과 같이 가지 않는다. 늘 깨어 있는 자에게는 도적과 같이 가지 않고 다 알리고 갈 것이다. 그러니 깨어 있으라고 해라. 깨어 있으라고 해라."

"아멘~."

"못된 놈들! 이런 가운데서도 의심을 품고 있는 자들이 있구나. 괘씸~ 안 된다. 의심이 얼마나 큰 죄인 줄 알지 못하느냐? 의심이 큰 죄니라. 믿어라 믿어! 믿어라 믿어! 세상의 과학으로 할 수 없는 일들이 많으나 나는 할 수 있는 것을 믿어라. 어서 가거라."

"아멘~."

🌸 배경 설명

신학교 다닐 때 연단을 마치고 어떤 교회로 부임해 왔었습니다. 부임해 오기 전의 교회는 비록 연단은 받고 있었지만 시골교회로는 제법 규모가 큰 교회였습니다. 장년이 120명, 중고등부 학생회가 120명, 유년부가 80명, 도합 320명의 교회였습니다.

그런데 새로 부임한 교회는 성도가 30~40명 되는 교회였습니다. 성전을 건축하다가 많이 주저앉았고 그 정도 남아 있었습니다.

그때 교회 한 달 수입이 30만 원 정도 되었는데, 한 달 부채 이자가 32만 원 정도 되었습니다. 그리고 갚아야 할 쌀이 50가마 정도 되었습니다. 그런데다 성전은 겨우 건물만 지어진 상태였습니다. 내부시설이 안 되어 있어서 제 말에 가장 민감하게 알아들을 제 아내도 알아듣지를 못했습니다. 항아리처럼 방음 시설이 전혀 안 되어 있기 때문이었습니다.

뿐만 아니라 성구도 일절 없었습니다. 의자도 강대상도 없었습니다. 그러니 더 방음이 안 될 수밖에 없었습니다. 그래서 주님께 이 문제를 해결해 달라고 참으로 많이 기도를 했습니다. 그런데 주님께서는 네가 할 일만 하라고 하셨습니다. 즉 말씀만 힘써 전하라는 것입니다.

이런 가운데 교회 여집사님 몇 분이 정말로 충성을 다했습니다. 그분들은 주님 전에 드리지 못해서 항상 애를 태우고 있었습니다. 반면 남편들 가운데는 집사 직분을 가지고 있으면서도 몹시도 인색한 사람들이 있었기 때문에 부인 집사님들이 안타까워하고 있었습니다.

그래서 어머니를 입신시켜 부인 집사님들의 황금보석으로 지어진 집을 보여 주시면서 남편들 가운데 인색한 사람들의 인색함을 책망한 것입니다. 물질 바치라고, 하늘 창고에 채우라고 말입니다. 심지어 주님께서 비유하셨던 밭에 감추인 보화에 대해서 말씀하시면서 기도로 파고, 마음으로 파고, 물질 드려서 파라고 하셨습니다. 그러면서 여집사님들을 위해 예비하신 집을 보여 주셨습니다.

그리고 어떤 집사님은 아무것도 없이 있었는데, 그 할머니 집사님은 생전에 헌금할 줄 몰랐습니다. 노인이라 생활권이 없어서 헌금을 못하시는 줄 알았습니다. 그런데 손자가 주일헌금 하라고 주면 그

것으로 증손자에게 과자를 사주었다고 했습니다. 그렇게까지 했는지는 몰랐습니다.

심는 대로 거두게 하신 하나님, 그래서 많이 심는 자는 많이 거두게 하시고 적게 심는 자는 적게 거두게 하시는 하나님이시기에, 주님을 위해 아무것도 드리지 않았으니 당연히 아무것도 받지를 못한 것입니다.

> "이것이 곧 적게 심는 자는 적게 거두고 많이 심는 자는 많이 거둔다 하는 말이로다 각각 그 마음에 정한 대로 할 것이요 인색함으로나 억지로 하지 말지니 하나님은 즐겨 내는 자를 사랑하시느니라"(고후 9:6-7).

그 할머니 집사님의 후회하는 목소리를 들으면서 지금도 많은 사람들이 후회할 일을 얼마나 하고 있는지를 생각했습니다. 하나님께 드리기를 아까워하는 사람들 말입니다.

숨을 쉬고 있을 때만이 주의 일을 할 수 있는 기회, 주님 나라에 상급을 저축할 수 있는 기회입니다. 그래서 주의 종들이 목이 터져라 외치는데도 이 기회를 붙잡지 못하는 사람들이 많이 있음을 안타깝게 생각했습니다.

악령은 입신을 가장해서 지적을 합니다. 개인 실명까지 낱낱이 말을 합니다. 그래서 교회가 크게 시험에 듭니다.

그러나 주님께서 하시는 일은 절대 실명을 말하지 못하게 합니다. 책망할 사람도, 상급 받을 사람도 주님께서 일절 실명을 말하지 못하게 합니다. 그래서 공적으로 비유로만 얘기하라고 하셨습니다. 개인적으로 말을 하면 마음이 좁아서 받아들이지 못한다고 말입니다.

그런 어려운 교회였지만 6년을 시무하면서 부채 다 갚고, 성전 내부며 성구들을 완전히 구입하였고, 30평의 교육관까지 지었습니다. 과연 주님께서 역사하신 증거입니다.

그리고 마지막으로 바친 아들 둘 남았다고 하시면서 그들에게도 능력을 주시겠다고 했습니다. 제 어머니께서는 아들을 낳을 때마다 주님께 종으로 바쳤습니다. 그래서 제 위로 세 분 형님과 저까지는 목회를 했고, 목회를 하고 있었지만 동생 둘은 아직 신학교에 가지 않았는데 그 동생들도 주님의 종으로 불러 능력을 주시겠다는 말씀입니다. 과연 그렇게 동생들도 불러 하나님의 일을 하게 했습니다(지금은 막냇동생만 사역하고 있습니다).

그리고 옥화는 여기서 살게 하시면서 왜 어머니 자신은 다시 가라고 하시냐고 했는데, 옥화라는 처녀는 전에 황 모 목사님께서 부흥회 때 데리고 다닌 처녀였습니다. 그 처녀는 부흥회 중에 입신을 하였고 성도들이 많은 은혜를 받았습니다.

그런데 어떤 부흥회 때 입신 중에 천국에서 그냥 살게 해 달라고 하자 주님께서 허락하셨습니다. 네가 원하니 그렇게 하라고 말입니다. 이미 영은 육을 떠나 주님 나라에 가 있었습니다. 당연히 육체는 죽어 있는 상태입니다. 다시 육체에 돌아와야 소생하게 되는데 주님 나라에 그냥 살게 하셨으니 결국 옥화의 육체는 장사지냈습니다.

그래서 어머니께서 옥화 얘기를 하면서 왜 옥화는 여기서 살게 하시면서 자신은 자꾸 가라고 하시느냐고 한 것입니다. 그러자 주님께서는 어머니의 사명과 옥화의 사명이 다르니 내려가라고 하신 것입니다.

저는 옥화에 대한 얘기를 잘 알고 있었기 때문에, 어머니께서 입신하실 때마다 그냥 여기서 살게 해달라고 하시는 어머니의 간청에 주님께서 그렇게 하라고 하실까 몹시 조마조마했던 것이 사실입니다.

부흥회 하다가 옥화가 죽었으니 당연히 교회는 난

리가 날 수밖에 없었습니다. 그렇지만 주님께서 하시는 일이니 어쩔 수가 없는 일이었습니다.

그리고 마지막으로 주님께서 의심하고 있는 자들에게 괘씸하다고 하셨는데, 주님의 역사하심에 대한 의심을 하고 있어서입니다. 그 순간에도 과연 의심을 하고 있는 성도들이 있었습니다. 그래서 성령님이 역사하고 계심에도 믿지 못하고 있는 자들에게 괘씸한 자들이라고 책망을 하셨습니다.

입신하시는 모습을 곁에서 지켜보다가 가끔 내가 무슨 생각을 하고 있으면, 주님께서 바로 제 마음을 아시고 거기에 대해서 말씀을 하십니다. 예를 들어 내가 무슨 걱정스러운 일이 있어서 염려하고 있으면 네가 왜 그것을 염려하느냐고 합니다. 그렇기 때문에 주님께서는 우리의 생각까지도 알고 계신다는 것과, 그래서 주님 앞에서는 아무것도 숨길 수가 없다는 사실을 항상 깨닫게 됩니다.

뿐만 아니라 우리 혼자 있는 것이 아니고 우리의 처지와 형편을 아시는 주님께서 항상 우리 곁에 계심을 생각하면서 위로받고 새 힘을 얻습니다.

> "여호와여 주께서 나를 살펴보셨으므로 나를 아시나이다 주께서 내가 앉고 일어섬을 아시고 멀리서도 나의 생각을 밝히 아시오며 나의 모든 길과 내가 눕는 것을 살펴보셨으므로 나의 모든 행위를 익히 아시오니 여호와여 내 혀의 말을 알지 못하시는 것이 하나도 없으시니이다"(시 139:1-4).

🌼 1983년 12월 어느 날 - 동생이 시무하는 교회 부흥회 인도 중에.

"왜 염려하느냐? 왜 염려하느냐?"

"주님 이 교회 형편을 아시지 않습니까? 너무나도 안타깝습니다."

"이 교회도 내가 피 흘려 세운 내 교회니라. 그런데 왜 너희가 염려하느냐? 염려하지 마라. 성도들이 눈물로 기도하는 그 기도 내가 이미 다 들었느니라. 내게 능치 못할 일들이 있었더냐? 너희는 못하는 일들이지만 내가 역사하면 되느니라."

"아멘~ 주여, 도와주세요. 이 교회를 도와주세요."

"네가 왜 걱정하느냐? 내가 도울 테니 걱정하지 말아라."

"아멘~ 감사합니다. 감사합니다."

"내 젊은 종이 심혈을 기울여 말씀을 전하는구나. 내 아버지의 사랑을 전하는구나. 내가 준 은혜를 가르치는구나. 십자가의 은혜를 전하는구나."

"오! 주여~ 주의 종에게 능력을 주옵소서. 영권을 주옵소서. 말씀의 능력을 주옵소서."

"이미 주었노라. 주었기 때문에 말씀을 전하는 것이니라. 내가 불러서 사용하는 종이니라. 네가 보지 않느냐? 네가 알지 않느냐?"

"아멘~."

"주님 이왕 여기 왔으니 내 남편, 당신의 노종을 보게 해주세요. 너무나 보고 싶습니다."

"오냐! 저 천사를 따라가거라."

"아멘~."

"할렐루야 아멘~ 할렐루야 아멘~ 할렐루야 아멘~ 아멘 아멘 아멘 아멘~ 할렐루야 아멘~ 저 끌리는 옷~ 저 끌리는 옷~ 할렐루야 아멘~ 생명의 면류관~ 생명의 면류관~ 할렐루야 아멘~."

"여보! 당신 왔군요. 왜 아직도 나를 잊지 못하는지요? 당신 보다시피 이렇게 영광을 누리고 있지 않소?"

"아무리 말씀대로 살아보려고 해도 너무나 보고 싶었습니다."

"당신 가끔씩 주님께서 불러 올려 이곳의 영광을 보여 주지 않던가요? 그리고 주님이 준비하신 황금보석으로 지어진 나의 집도 보여 주시지 않던가요? 이 영광 중에 내가 살고 있으니 염려하지 마세요. 머지않아 당신도 이곳에서 이 영광 누릴 것이니 힘써 복음 전하다 이곳에 오도록 하세요."

"아멘~ 찬규야, 너도 왔구나. 아버지 모시고 너도 왔구나."

"예! 어머니, 어머니께서 보시다시피 이렇게 주님 앞에서 아버지와 함께 주님을 찬양하며 살고 있습니다."

"너는 좋겠다. 너는 좋겠다. 주님 모시고 아버지와 함께 여기서 살고 있으니 너는 좋겠구나."

"어머니도 머지않아 이곳에 오실 것입니다. 힘써 주의 일 하시다가 오셔야지요. 힘써 복음 전하다 이곳에 오셔야지요. 주님께서 예비하신 어머니의 집과 어머니의 면류관을 몇 번이고 주님께서 보여 주지 않았습니까? 아버지와 저를 보고 싶어 하지 말고 세상에 계시는 동안에 이 영광을 소망하면서 이겨나 가세요. 아버지 모시고 저는 가겠습니다."

"오냐, 어서 가거라."

"할렐루야 아멘~ 할렐루야 아멘~ 저 꽃들을 봐라~ 저 백합화를 봐라~ 세상의 꽃들은 밟으면 뭉그러지는데 이곳의 꽃은 밟아도 다시 일어나고 밟아도 다시 일어나네. 할렐루야 아멘~ 할렐루야 아멘~ 유리 바다 건너편 저 음악소리 저 음악소리~ 할렐루야 아멘~. 나는 언제나 이곳에 와서 천군천사와 먼저 온 성도들과 함께 내 아버지를 찬양할까? 오~ 주님 나에게 힘을 주시옵소서. 힘써 주님의 일 하다 이곳에 오도록 힘을 주시옵소서. 이곳에 와서 이 영광 누리도록 힘을 주시옵소서."

"이미 주었노라. 주었기 때문에 네가 때로는 남편과 자식을 잊지 못해 하지만 그래도 이렇게 내 일을 힘써 하는 것이니라. 이제 저 천사 따라서 지옥 구경해라."

  "안 해요. 무서워요."

  "너와 상관없는데 왜 무서워하느냐?"

  "성경을 통해서 지옥을 잘 알아요. 지난번에도 보여 주셔서 잘 알아요. 그런데 왜 또 지옥 구경을 하라고 하시는 건가요? 무서워요."

  "보지 않으려고 하는 것은 네 뜻이고 보여 주는 것은 내 뜻이니라. 순종해라. 어서 천사를 따라 가보거라."

  "아멘~."

"와 무서워~ 와 무서워~ 꺼지지 않는 불~ 꺼지지 않는 불~ 와 무서워~ 아이고. 우리 교회 다녔던 청년 저기 있네. 우리 교회 다녔던 청년 저기 있네. 우리 교회 다녔던 청년 저기 있네. 뜨거워서, 뜨거워서 몸부림치고 있네. 입을 벌리고, 입을 벌리고 목이 타서 헐떡거리고 있네. 그런데 주님 저 청년이 무슨 말을 하고 싶어 하네요."

"오냐, 허락한다."

"권사님, 뜨거워서 못 견디겠습니다. 뜨거워서 못 견디겠습니다. 뜨거워서 못 견디겠습니다. 목이 타서 못 견디겠습니다. 목이 타서 못 견디겠습니다. 전도사님이 권면할 때 들을 것을~ 전도사님이 권면할 때 들을 것을~ 권사님이 권면할 때 들을 것을~ 권사님이 권면할 때 들을 것을~ 이렇게 후회가 됩니다. 이렇게 후회가 됩니다. 우리 어머니께 저 여기 있다고 말하지 마세요. 우리 어머니가 기도 많이 해주셔서 내가 올라가면 좋겠지만 이제는 끝났습니다. 이제는 끝났습니다. 이제는 끝났습니다. 뜨거워서 못 견디겠습니다. 뜨거워서 못 견디겠습니다. 뜨거워서 못 견디겠습니다."

"보았느냐? 네 백성 가운데 이곳에 올 자들이 얼마나 많으냐? 이곳에 오지 못하도록 복음을 전해라. 내 나라도, 이곳도 시간이 없느니라. 이곳은 영원하고 영원하느니라. 다시는 기회가 없느니라. 이 불꽃 가운데 들지 못하도록 힘을 다해 복음을 전해라."

"아멘~ 아멘~ 그렇게 하겠습니다. 힘을 다해 복음

전하겠습니다."

"내 양 떼들에게 깨어 경성하라고 해라. 세상을 보아라. 징조를 보아라. 내가 내 복음서에 말한 대로 모든 것이 다 이루어지지 않았느냐? 내가 곧 갈 것이다. 기름을 준비한 다섯 처녀와 같이 깨어 준비하라고 해라."

"주님, 언제쯤 오시렵니까?"

"그것은 네가 알 바 아니다. 그러나 때가 다 되었느니라. 썩어질 것을 위해 일하지 말고 영원한 이 나라의 영광을 위해 일하라고 해라. 그런 자들은 영광 중에 나를 맞이할 것이니라. 어서 가거라. 어서 가서 복음을 전하여라."

"가기 싫어요. 또 가라고 하시는 건가요? 이곳에서 살게 해주세요. 왜 부르셔 놓고 자꾸 가라고 하시는 건가요?"

"아니다. 어서 가거라. 너는 아직 올 때가 못 되었다. 내가 부를 때가 있을 것이니 가서 복음을 전하여라. 어서 가거라. 가서 남은 시간 은혜를 사모하라고 해라."

"아멘~."

🌸 배경 설명

그 교회는 전북 어느 시골교회로 무허가로 지은 건물인데 도로가 나게 되어 건물이 철거되었지만 보상을 받을 수가 없었습니다. 요즘 같으면 어떻게라도 보상을 받겠지만 그 시절에 무슨 방법으로 보상을 받겠습니까?

성도들이라고 해야 겨우 30~40명 되는 교회인데다 지역이 워낙 빈농이라서 경상비도 나오지 않았습니다. 그러니 무슨 수로 성전을 이전하겠습니까? 그래서 성도들이 그 문제로 기도하고 있었고 역시 그 문제로 부흥회를 하고 있었습니다.

그런데 부흥회 끝날 무렵에 서울의 어떤 집사님 내외가 찾아왔습니다. 찾아와서 하는 말이 며칠 전

꿈에 어떤 교회가 헐리게 되었는데, 성전을 건축할 수 없어 고통을 당하는 꿈을 꾸었다고 합니다. 그래서 부부가 의논하기를 주님께서 우리에게 도와주라고 한 모양이라고 하면서 집을 팔고 조그마한 전세로 들어가면서 집값을 가져왔다고 했습니다.

그래서 어떻게 이 교회인 줄 알고 찾아왔느냐고 했더니 자신도 어떻게 여기까지 왔는지 모르겠다고 했습니다. 그러면서 이 교회가 이곳에 있는지도 알지 못했고 누구에게도 이 교회에 대해서 들어본 적이 없었는데 어떻게 오다 보니 이 교회에 오게 되었다고 했습니다.

성령님께서 빌립을 에디오피아 여왕 간다게의 국고를 맡은 내시에게 이끌어 간 것처럼(행 8:26-40), 그 부부 집사님을 그 교회로 인도하신 것입니다.

지금 같으면 어떻게라도 그분들의 인적사항을 알아 두었을 텐데, 너무 감격스럽고 좋아서 미처 물어보지도 못했습니다. 30년이 훨씬 지났기 때문에 생존해 계시는지 모르겠습니다만, 혹시라도 그분들이 이 책을 접하게 되시거든 연락이라도 주시면 좋겠습니다.

그 집사님 내외는 힘들고 어려운 일인데 성령의 감동하심에 따라 즉시 순종했던 것입니다. 성령의 감동하심은 일회적입니다. 한번 감동하시고 순종하기를 기다리십니다. 그런데 즉시 순종하지 않으면 결국 그 사람은 하지 못합니다. 즉시 순종하지 않고 있으면 사탄이 끊임없이 속삭입니다.

네가 그런 형편에 할 수 있겠느냐고 말입니다. 네 빚이 아직도 얼마나 남았는데 어쩌려고 그렇게 하느냐고 말입니다. 앞으로 살아갈 일도 생각해야지 그렇게 해버리면 어떻게 살아가려고 그러느냐고 말입니다. 네 자식들 결혼도 시켜야 하고 분가도 시켜야 할 텐데 할 수 있겠느냐고 말입니다. 너보다 부자들도 많은데 네가 그렇게 하면 사람들이 위선이라고 하지 않겠느냐고 말입니다. 온갖 염려를 갖게 합니다. 그래서 즉시 순종하지 않으면 할 수가 없습니다.

그렇기 때문에 성령의 감동이 계시면 지체하지 말고 즉시 순종해야 합니다. 순종하면 주님께서 감당하도록 도우십니다.

몇 년 전에 지금 시무하고 있는 교회에 충성을 다하는 어느 40대 여집사님이 십일조 2천만 원과 감사헌금 2백만 원을 드렸습니다. 그래서 물었습니다. 아무리 생각해 봐도 그만한 소득이 있을 리 없기 때문입니다. 십일조 2천만 원이면 소득이 2억 원인데 말입니다. 그래서 아파트라도 팔았느냐고 했습니다. 그랬더니 과거 주님을 알기 전에 하지 못했던 십일조라고 했습니다. 주님을 알지 못하고 살 때 드리지 못한 헌금이라는 것입니다. 모든 것이 하나님의 것이기에 당연히 드려야 할 하나님의 것을 드렸다고 했습니다. 이전에는 믿음이 부족해서 드리지 못했다가, 요즘 성령께서 과거에 하지 못했던 것을 깨닫게 하시면서 지금이라도 그것을 하라고 감동하셨다고 합니다.

그래서 돈이 어디 있어서 했느냐고 했더니 적금께서 드렸다고 했습니다. 아무리 그렇다고 적금까지 깼느냐고 했더니 오히려 "목사님께서 평소 우리를 어떻게 가르치셨습니까? 성령이 감동하시면 즉시 순종하라고 하지 않았습니까?"라고 했습니다. 정말 목사보다 믿음이 더 컸습니다.

그러면 "감사헌금 2백만 원은 무엇이냐?"라고 했더니 직장에 들어갔을 때 첫 월급이라고 하면서, 첫 열매는 주님께 드려야 함을 몰랐다가 이제서야 알게 되어 드린 것이라고 했습니다.

그 집사님은 지금 얼마나 성령 안에서 은혜로운 삶을 살아가고 있는지 모릅니다.

이렇듯 서울에서 오신 그 집사님 내외분은 성령의 감동하심에 즉시 순종했습니다. 참으로 어려운 결단의 순종이었습니다.

누구나 쉽게 할 수 있는 일은 성령께서 한사코 감

동까지 하지 않으십니다. 결행하기 힘들기 때문에 순종을 요구하시는 성령님의 감동이 있는 것입니다. 그리고 반드시 풍성한 상급을 예비하시고 순종을 요구하시는 것입니다. 주님께 충성하는 그를 너무나 사랑하시기 때문에 무엇인가 주고 싶어서 말입니다.

성전 철거의 위기에 있는 교회에 대해서 염려하지 말라고 하신 주님께서 이렇게 인도하셨습니다.

그리고 제가 섬기는 교회 교사들 몇 명이 따라왔습니다. 그런데 교사 가운데 한 처녀가 50만 원을 작정했습니다. 그때 제가 생활비를 8만 원 받았으니 50만 원은 정말 큰돈이었습니다. 그래서 혹시 즉흥적으로 작정하지 않았나 싶어서 어떻게 하려고 하느냐고 물었습니다.

하나님께 서원했을 때는 반드시 이행해야 하기 때

문입니다. 서원을 이행하지 않은 상태에서는 결코 주님과 교제할 수가 없기 때문입니다. 아무리 기도해도 공허한 메아리가 되고 말 것이기 때문입니다.

그래서 염려스러운 마음에 "작정한 것을 어떻게 이행하려고 하느냐"라고 물었더니 구체적인 방법을 말해 주었습니다. 취직하고 적금 들었다가 대출 받아 보내겠다고 말입니다. 그 자매는 곧 어느 중소기업에 취직해서 적금을 들었고, 적금 들었던 것을 대출 받아 해결했습니다.

그렇게 해서 그 교회는 부흥회가 끝난 뒤에 성전을 새롭게 건축했습니다. 과연 주님께서 역사하셨습니다.

그리고 지옥에 있는 청년은 동생이 시무하는 교회

에 출석했던 청년입니다. 그때 어머니께서는 동생 집에 가 계셨습니다. 동생 목회를 도우시기 위해서입니다. 그런데 그 청년이 신앙을 접고 자기 집에다 불상 같은 이상한 것을 차려놓고 있어서 동생 전도사가 여러 번 가서 권면했다고 합니다. 그리고 어머니도 수없이 찾아가 권면했다고 했습니다. 그렇게 권면했으나 끝내 거절하고 나중에는 자살해 버렸습니다.

청년은 그 고통 가운데 있으면서 자신의 어머니를 걱정했습니다. 만일 자기가 여기서 이렇게 고통당하고 있는 것을 알면 괴로워할 것이기 때문입니다.

누가복음 16장 19절 이하를 보면, 부자와 거지 나사로 이야기가 나옵니다. 말씀을 보면, 부자도 죽어 아브라함의 품에 안겨 평안을 누리고 있는 나사로를 자신의 집에 보내서 가족들에게 권면해 달라고 했습니다.

27-28절을 보면 "그러면 아버지여 구하노니 나사로를 내 아버지의 집에 보내소서 내 형제 다섯이 있으니 그들에게 증언하게 하여 그들로 이 고통 받는 곳에 오지 않게 하소서"라고 한 것을 보면 지옥에 가 있는 자들도 이 세상에 남아 있는 가족을 생각하고 있음을 보게 됩니다.

그래서 그 청년이 어머니께 자신에 대해서 말하지 말라고 한 것입니다. 그러면서 "전도사님이 권면할 때 들을 것을, 권사님이 권면할 때 들을 것을" 하면서 고통 가운데 한없이 후회하는 모습을 보이는 것입니다.

내 어머니가 본 천국과 지옥

닫는 글

닫는 글

그 외에도 수없이 많은 입신을 하셨지만 당시 녹음해 둔 것만을 이 책에 기록했습니다. 여기에 올려놓은 글뿐 아니라 여기에 올리지 못한 수많은 입신에서 볼 수 있는 공통점이 있습니다.

첫째는, 복음을 전하라는 것이요

둘째는, 때가 다 되었으니 준비하고 있으라는 말씀입니다.

사이비 시한부 종말론자들처럼 비춰질까 염려하면서 어떤 부분은 심히 조심스러워 올리지 못하는 말씀도 있습니다.

형님 교회에서 있었던 부흥회 도중 새벽에 권사님 두 분과 함께 기도하던 자리에서 어머니의 입신을 통해 말씀하신 주님의 음성은 충격적이었습니다.

당연히 그날과 그 시는 말씀하지 않으셨지만, 우리가 생각하는 것 이상으로 재림의 날이 가까이 있음을 말씀하셨는데 차마 올리지 못합니다. 정말로 충격적이었습니다.

'무엇을 먹을까 무엇을 입을까' 세상 염려하지 말고 머리를 들고 주님 오실 날을 예비하며 살아야 할 것입니다. 슬기로운 다섯 처녀와 같이 말입니다.

제가 호남신학대학교에 다닐 때 장로회신학대학원의 저명한 교수님께서 오셔서 세미나를 인도하셨는데, 주제는 '교회와 선교'였습니다.

그때 총회 세계선교부 선교현황을 말씀하시는데, 전 세계에 복음이 다 들어갔지만 아직 두 군데가 남아 있다고 하면서 몽고와 티베트라고 했습니다. 그러면서 열심히 공부해서 그곳에도 복음을 전하라고 했는데, 저는 그 순간 마태복음 24장 14절 말씀이 떠올랐습니다.

"이 천국 복음이 모든 민족에게 증언되기 위하여 온 세상에 전파되리니 그제야 끝이 오리라"는 말씀입니다.

우리가 잘 아는 대로 마태복음 24장은 마지막 때 일어날 예언의 말씀입니다. 특히 초반부에 주님 오실 때가 되면 이런저런 일들이 일어날 것이라고 하시면서, 이런 일들은 마지막 때가 되었음을 말해 주는 징조이지만, 최종적으로 온 세상에 복음이 다 들어가면 주님이 오신다고 했습니다.

그렇다고 하면 몽고와 티베트에 복음이 들어가면 온 세상에 복음이 다 들어간 것이고, 그렇게 될 때 주님이 오신다는 말씀인데, 몽고는 1992년에 우리나라와 수교가 되어 여러 형태로 복음이 들어갔습니다. 그래서 지금 활발하게 복음 사역을 하고 있고, 중국령인 내몽고 역시 복음이 들어갔으며 신학교까지 있습니다. 저도 내몽고에 네 번 다녀왔습니다.

티베트도 지금은 복음이 들어갔으며 티베트어 성경까지 나왔습니다. 그리고 그곳에 교회도 설립되었으며 저도 세 번 다녀왔습니다. 보안상 더 깊은 얘기는 할 수 없음을 양해해 주시기 바랍니다.

이렇게 때가 다 되었음을 보여 주고 있으니 깨어

경성해야 할 것입니다.

> "너희는 스스로 조심하라 그렇지 않으면 방탕함과 술 취함과 생활의 염려로 마음이 둔하여지고 뜻밖에 그 날이 덫과 같이 너희에게 임하리라 이날은 온 지구상에 거하는 모든 사람에게 임하리라 이러므로 너희는 장차 올 이 모든 일을 능히 피하고 인자 앞에 서도록 항상 기도하며 깨어 있으라 하시니라"(눅 21:34-36).

그리고 하나님의 영광스런 나라를 간접적으로나마 접하게 되어 감사한 일입니다. 그렇지만 하나님의 영광스러운 나라의 그 모든 영광은 사람의 필설로 다 표현할 수가 없습니다.

저도 몇 번 주님께서 극히 일부이지만 천국을 보

여 주신 적이 있습니다. 그렇지만 도무지 설명할 방법이 없습니다. 그러니 천국의 모든 것을 다 보았던 사도 요한이 천국의 영광에 대해서 기록하느라 얼마나 힘들었을까 생각이 듭니다. 세상에는 비슷한 것이 있기 때문에 그것을 들어 '이와 같다'라고 말을 합니다. 예를 들어 아주 흰 것을 말할 때 '눈처럼 희다'라고 합니다. 또 아주 붉은 것은 '피와 같이 붉다' 혹은 '먹과 같이 검다'라고 합니다. 세상에 '눈이나 피나 먹'이라는 비슷한 것이 있어서 그렇게 표현하는데, 천국의 모든 영화로움을 세상 그 어떤 것으로 표현할 수가 있겠습니까?

바다에 숭어라고 하는 물고기가 있습니다. 어떨 때는 물 밖으로 뛰어 오르곤 합니다. 그 숭어가 중천에 떠 있는 태양을 보고 깜짝 놀랐습니다. 세상이 저

태양 때문에 이렇게 환하기 때문입니다. 그래서 생전 물 밖에 한 번도 나와 보지 못하고 바다 밑에서 살고 있는 해삼, 멍게, 가오리, 홍어, 도다리, 광어 등에게 태양에 대해서 얘기해 주었습니다. 지금 이렇게 바닷속에도 빛이 있는 것은 물 밖 공중에 떠 있는 태양 때문이라고 했습니다.

그러자 얘기를 듣고 있던 해삼, 멍게, 가오리, 홍어, 도다리, 광어 등이 말로 하면 우리가 어떻게 알아듣겠느냐고 하면서 예를 들어 말해 주라고 했습니다. 즉 '무엇처럼 밝다' 라고 해야 우리가 알아듣지 않겠느냐고 말입니다.

그래서 숭어가 바다 밑을 다 뒤집니다. 태양을 설명하기 위해서 말입니다. 그런데 바다 밑에 그 어떤 것을 가지고 '태양이 이처럼 밝다' 라고 하겠습니까?

그러나 설명은 해줘야 하기 때문에 그중에서도 가장 빛나는 조개껍질 하나를 들고 '태양이 이렇게 밝더라'고 했습니다. 그렇게 설명은 했지만 바다 밑에 어떻게 태양을 설명할 비교대상이 있겠습니까?

천국에 대한 설명이 이와 같습니다. 세상 것 가지고는 도저히 설명할 수가 없습니다. 그래서 사람들이 가장 귀하게 여기는 이런저런 보석들을 들어 얘기한 것뿐입니다. 천국의 영화로움은 우리 인간의 한정된 표현력으로는 다 표현할 수가 없습니다.

주님께서 불러 가신 제 큰형님은 참으로 효성이 지극하셨습니다. 저희 가정은 6남 3녀의 가문인데 아버지 생신이 12월이고 어머니 생신이 5월입니다. 그래서 아버지 생신과 어머니 생신에는 온 가족이

다 모여서 3일씩 즐겁게 보냈습니다. 부모님 생신이 우리 가족의 명절입니다. 그렇게 하신 분이 바로 큰형님이셨습니다.

우리 가문의 가훈이 경천애인(敬天愛人)으로 하나님을 경외하고 사람 특히 가족 사랑을 윤리의 근간으로 여겼습니다. 그 가족의 핵이 바로 부모님이시니까 부모님께 효를 다하지 못하는 사람이 하나님을 경외한다는 것은 거짓말이라고 늘 훈계하신 분이 바로 큰형님이셨습니다.

그리고 우리 형제 중 가장 외모도 출중하신 분이셨는데 어느 날 갑자기 주님 나라에 가시게 되어 그때부터 제 부모님 특히 어머니는 3년 동안 거의 식음을 전폐하시다시피했습니다. 아버지께서도 우리 앞에서는 슬픔을 감추고 계셨지만 홀로 기도실에 가셔서 눈물을 흘리고 계셨습니다. 그 어떤 말로도 위로가 되지 않았습니다.

그러던 중 어머니께서 입신 가운데 금면류관 쓰고 끌리는 흰옷을 입고 오시는 형님을 만나고 난 후, 그때부터는 눈물 대신 감사와 찬송이었습니다. 물론 때로 그리워하기는 했지만 그래도 기뻐하고 감사했습니다. 그 어떤 말로도 위로를 받지 못하셨던 부모님의 눈물을 주님께서 그 방법을 통해 씻어주셨습니다.

사람이 죽으면 다 같이 깜짝 놀랍니다. 당연히 불신자들은 지옥이 없는 줄 알았기 때문에 십자가의 도를 어리석은 것으로 생각했다가 눈앞에 펼쳐진 훨훨 타는 유황불을 보면서 기절해 버릴 정도로 놀랍니다.

어머니께서 입신을 마친 후 지옥이 어떻게 생겼느냐고 여쭸더니 마치 태풍에 바다가 파도로 뒤집어지는 것처럼 유황불이 그런 모습이라고 하면서 불이 빨갛다 못해 파랗다고 했습니다. 그곳에 있는 사람들은 너무나 목이 타서 다 입을 크게 벌리고 헐떡거리고 있다고 했습니다. 그리고 주님께서 지옥 구경을 하라고 하실 때, 지옥이라는 말을 듣는 순간 소름이 쫙 끼친다고 했습니다.

지옥의 고통을 무엇으로 다 말할 수가 있겠습니까? 지옥의 고통 가운데 하나가 모든 요구가 묵살된다는 것입니다. 부자와 나사로의 비유를 보면, 지옥에 가 있는 부자가 아브라함에게 나사로를 보내서 이 사실을 알게 해달라고 했습니다. 그렇지만 일언

지하에 거절당했습니다.

다음으로 견딜 수 없는 목마름입니다. 불꽃 가운데 너무 뜨거워서 오는 목마름입니다.

또한 두 번 다시 기회가 없다는 것입니다. 세상처럼 시간이 존재하고 있어서 천만년 억만년 후에라도 지옥에서 나갈 기회가 있다고 하면 천만년, 억만년이라도 견딜 텐데 두 번 다시 구원의 기회가 없다는 것이 비극 중에 비극입니다.

그리고 죽으려고 해도 죽을 수가 없습니다. 주님께서 사망까지 거두어 가셨기 때문입니다. 세상에서는 너무 괴로우면 죽어 버립니다. 죽어 버리면 끝난다고 생각하기 때문입니다. 그러나 지옥은 죽음까지도 허락된 곳이 아닙니다. 예를 들어 너무 고통스러워 혀를 깨물면 깨물려 아픈 고통만 있을 뿐입니다.

만일 그곳에 무슨 독약이 있어 음독했을 경우 복통만 심할 뿐이지 죽지도 않습니다.

모든 요구가 묵살되는 고통, 너무나 뜨거워 목이 타서 몸부림치는 고통, 두 번 다시 기회가 없는 영원한 고통, 죽으려고 해도 죽음조차도 허락되지 않는 고통, 그러니 지옥의 고통이 어떤 고통입니까?

이렇게 불신자들은 없다고 여겼던 지옥을 보면서 기절할 정도로 깜짝 놀라지만 성도들은 왜 놀라겠습니까?

세상에 사는 동안 기록된 말씀 곧 성경을 통해서도 그리고 주의 종들이 전했던 말씀을 통해서도 천국의 영광을 많이 들었지만, 이렇게 화려할 줄은 몰랐기 때문에 그래서 놀란 것입니다. 불신자들은 심판 앞에서 놀라고 성도들은 영화로움 앞에서 놀라게 되니 구속받아 주의 자녀된 것이 얼마나 감사한 일인지 모릅니다.

"만입이 내게 있으면 그 입 다 가지고
내 구주 주신 은총을 늘 찬송하겠네

내 은혜로신 하나님 날 도와주시고
그 크신 영광 널리 펴 다 알게 하소서

내 주의 귀한 이름이 날 위로하시고
이 귀에 음악 같으니 참 희락 되도다

내 죄의 권세 깨뜨려 그 결박 푸시고

이 추한 맘을 피로써 곧 정케 하셨네"

과연 만입이 있어도 그 입 다 가지고 찬송할 수 없는 축복이며 영광입니다.

요한계시록 4장 10-11절을 보면, 이십사 장로들이 자신들의 면류관을 벗어 주님께 드리는 장면이 나옵니다.

"이십사 장로들이 보좌에 앉으신 이 앞에 엎드려 세세토록 살아 계시는 이에게 경배하고 자기의 관을 보좌 앞에 드리며 이르되 우리 주 하나님이여 영광과 존귀와 권능을 받으시는 것이 합당하오니 주께서 만물을 지으신지라 만물이 주의 뜻대로 있었고 또 지으심을 받았나이다."

자신들이 이렇게 영광의 자리에서 영광스런 면류관을 받은 것은 오직 주님의 은혜라는 뜻입니다. 그래서 면류관은 주님께서 받으심이 마땅하다고 했습니다.

이처럼 우리가 이렇게 복된 자리에 있게 된 것은 오직 하나님의 은혜입니다.

천국은 불가시적인 것 가운데 하나가 영원토록 새롭다는 것입니다. 가시적인 것만 새롭게 하신 것이 아니고 불가시적인 것도 새롭게 하셨습니다.

아무리 큰 즐거움을 주는 그 어떤 것일지라도 세월이 가면 그 즐거움은 퇴색됩니다. 아무리 그 어떤 아름다운 것일지라도 혹시 그 아름다움이 변치 않을지라도 느낌은 세월의 무게를 이기지 못해서 처음 그 감격을 보존할 수 없습니다. 그래서 세상 모든 것은 그것 자체가 변하든지 변치 않든지 그 모든 것을 대하는 감성이 둔해지기 때문에 그 감흥은 녹슬기 마련입니다.

수십 년 동안 헤어져 있던 가족이 만났을 때의 감격은 보는 사람들의 눈시울을 적실 정도의 기쁨이었지만 역시 세월이 지나면 그때의 감격을 보존할 수 없습니다.

유네스코 자연유산인 세계적 관광지에 가면 탄성이 저절로 나옵니다. 너무나 아름답고 장엄하기 때문입니다. 정말로 하나님의 위대하신 솜씨에 저절로 찬송이 나옵니다. 그런데 그곳에 살고 있는 사람은 아무런 느낌이 없습니다. 여기에서 우리들의 생활과 다를 바가 없습니다. 마치 뭐가 그리 아름답다고 하느냐는 표정입니다.

세상에는 시간이 존재하고 있어서 모든 것이 시간의 지배를 받기 때문입니다. 만일 천국도 시간의 지배하에 있다고 하면 처음 보았던 모든 화려함을 대하는 감성이 세월 따라 둔해질 것이기 때문에 결국 별 의미가 없을 것입니다.

그런데 천국은 시간이 존재하지 않아서 영원토록 새롭습니다. 즉 처음 느꼈던 천국의 영화로움이 언제까지고 영원토록 그 순간의 느낌 그대로입니다. 그래서 가시적 차이는 더 말할 필요가 없고 불가시적 차이도 이렇게 다릅니다.

제 어머니께서 수없이 천국을 보셨지만 볼 때마다 그 감격을 주체하지 못했습니다. 그저 "할렐루야 아멘~"만을 외치실 뿐이었습니다. 처음 볼 때뿐 아니라 볼 때마다 그 감격은 그대로였습니다.

사도 요한은 하나님 외에 그 누구도 경배의 대상이 될 수 없다는 것을 누구보다 잘 알고 있습니다. 그런데 주님께서 예비하신 천국을 구경시켰던 천사에게 두 번이나 경배하려고 했습니다.

요한계시록 19장 10절에 "내가 그 발 앞에 경배하려 하니 그가 나에게 말하기를 나는 너와 및 예수의 증언을 받은 네 형제들과 같이 된 종이니 삼가 그리하지 말고 오직 하나님께 경배하라 예수의 증언은 예언의 영이라 하더라"고 했고, 또 요한계시록 22장 8-9절에 "이것들을 보고 들은 자는 나 요한이니 내가 듣고 볼 때에 이 일을 내게 보이던 천사의 발 앞에 경배하려고 엎드렸더니 그가 내게 말하기를 나는 너와 네 형제 선지자들과 또 이 두루마리의 말을 지키는 자들과 함께 된 종이니 그리하지 말고 하나님께 경배하라 하더라"고 했습니다.

천사를 경배해서는 안 된다는 것을 몰라서 한 것이 아닙니다. 너무 감격스러워서 자신도 모르게 실수를 한 것입니다.

우리도 어떤 사람이 기쁜 소식을 전해 주면 그 사람에게 고맙다고 하는 것처럼 말입니다.

너무나 황홀해서, 너무나 감격스러워서 천사는 경배의 대상이 아님을 잘 알고 있었음에도 불구하고 그렇게 넙죽 엎드려 경배하려고 했던 것입니다. 얼마나 영광스러웠으면 그렇게 했겠습니까?

아주 오래전의 일입니다. 목사 안수를 받기 전 전도사 때의 일입니다. 앞서 언급했듯이 어머니께서 동생 목회를 도우시기 위해 동생 집에 계셨기에 오토바이를 타고 비포장도로를 달려 어머니께 가던 중이었습니다. "샘물과 같은 보혈은 주님의 피로다"라는 찬송을 부르며 가고 있었습니다.

마지막 절인 "이후에 천국 올라가 더 좋은 노래로 날 구속하신 은혜를 늘 찬송하겠네 늘 찬송하겠네 늘 찬송하겠네 날 구속하신 은혜를 늘 찬송하겠네"를 찬송하는데, 갑자기 고린도전서 13장 12절의 "우리가 지금은 거울로 보는 것같이 희미하나 그때에는 얼굴과 얼굴을 대하여 볼 것이요 지금은 내가 부분적으로 아나 그때에는 주께서 나를 아신 것같이 내가 온전히 알리라"는 말씀이 눈앞에 펼쳐졌습니다. 그러면서 주님의 음성이 들렸습니다.

"김 전도사야 그렇게도 좋으냐? 그렇게도 내 은혜

가 감격스럽느냐?" 하시면서 "지금은 네가 내 은혜를 깨달았다고 하지만 천만 분의 일도 다 못 깨달았느니라. 이곳에 와서 내 은혜와 사랑을 온전히 깨닫게 되면 그때 더 좋은 노래를 부를 것이다"라고 하셨습니다.

얼마나 감격스러웠는지 모릅니다. 우리가 주님의 사랑을 깨달았다고 하지만 주님 말씀대로 천만 분의 일도 다 못 깨달았습니다. 그래서 마치 사도 바울 당시의 거울과 같이 알 뿐입니다. 바울 당시의 거울은 동판 거울입니다. 구리 덩어리를 얇게 펴서 보는 거울입니다. 그러니 요즘 수은 거울처럼 기미니 잔주름이니 하는 미세한 부분들까지 볼 수는 없고 그냥 대충 형태만 보일 뿐입니다. 그래서 지금 우리가 하나님의 은혜를 안다고 할지라도 그렇게 극히 부분적일 수밖에 없습니다.

그렇게 극히 부분적으로 알고 있는 그 사랑에 대해서도 이렇게 감격스러워서 찬송하게 되는데, 주 앞에 서는 날 주님 우리 위해 박히셨던 손과 발의 못 자국과 허리에 찔린 창 자국을 보게 되면, 그리고 영화로운 주의 나라의 모든 영광을 볼 때 하나님의 사랑을 온전히 깨닫게 될 것입니다. 그때 더 좋은 노래를 부를 것입니다. 마치 또 다른 내가 있어 얼굴과 얼굴을 대면한 것처럼, 그리고 주님께서 우리를 아신 것처럼 우리가 하나님의 사랑을 완전히 깨닫게 되면 지금보다 더 좋은 노래, 더 새로운 노래를 부를 것입니다.

아무쪼록 이 글을 읽으신 분들 가운데 주의 일 하

면서 힘들고 어려움을 겪고 계신 분이 있다면 주님께서 예비하신 이 영화로운 나라를 소망하며 위로 받고 살아가시기를 바랍니다.

그리고 때가 다 되었음을 깨닫고 '무엇을 먹을까 무엇을 입을까 무엇을 마실까' 하는 세속적인 염려는 하지 말고 주님 오실 날을 예비하며 살아가시기 바랍니다.

그렇다고 극단적 종말론자들처럼 세상 것 다 버리라는 말이 아닙니다. 열심히 직장생활 해야 합니다. 열심히 장사도 해야 합니다. 학생들은 열심히 공부도 해야 합니다. 농사꾼은 열심히 농사도 지어야 합니다. 그동안 휴거 등 극단적 종말론자들이 주님 오시는 날이 가깝다고 하면서 생업도 포기하게 하고 학생들 공부도 그만하게 해서 세상 사람들에게 얼마나 빈축을 샀는지 모릅니다.

　우리의 삶의 목적은 오직 하나님의 영광입니다. 그래서 그 영광을 위해서 부지런히 일해야 합니다.

　그러면서도 누가복음 21장 28절과 34-36절의 말씀 곧 "이런 일이 되기를 시작하거든 일어나 머리를 들라 너희 속량이 가까웠느니라 하시니라……너희는 스스로 조심하라 그렇지 않으면 방탕함과 술취함과 생활의 염려로 마음이 둔하여지고 뜻밖에 그 날이 덫과 같이 너희에게 임하리라 이 날은 온 지구상에 거하는 모든 사람에게 임하리라 이러므로 너희는 장차 올 이 모든 일을 능히 피하고 인자 앞에 서도록 항상 기도하며 깨어 있으라"는 주님의 말씀과 같이 열심히 생활하면서도 우리의 관심은 항상 주님 오실 날을 염두에 두고 살아가야 할 것입니다.

지옥의 고통까지 보여 주시면서 복음 전하기를 그렇게도 원하신 주님의 뜻을 받들어 우리 모두 가족 구원, 이웃 구원을 위해 힘써 복음을 전하는 가운데 주님 오실 날을 예비하시고 몸으로 충성, 마음으로 충성, 물질로 충성하시다가 영광스럽게 주님 앞에 서실 수 있기를 간구합니다.

내 어머니가 본 천국과 지옥

부 록

🌼 성경에서 말하는 지옥에 대하여

그동안 불교에서 개종하여 목사가 된 사람들과 거기에 영향을 받은 사람들, 그리고 특별한 체험을 통해 지옥을 봤다고 하는 사람들이 지옥에 대해 얘기하는 것을 들어보았는데 전혀 성경적이지 않았습니다.

불교에서 말하는 지옥은 어디까지나 상상의 지옥입니다. 그래서 최대한 고통스러운 곳으로 묘사합니다. 그런데 요한계시록 1장 2절을 보면 "요한은 하나님의 말씀과 예수 그리스도의 증거 곧 자기가 본 것을 다 증언하였느니라"고 했습니다. 그러니까 계시록은 요한이 직접 본 것을 기록한 것입니다. 그것도 본 것을 다 기록했다고 했습니다. 빠진 부분이 없이

다 말입니다.

개종해서 목사가 된 사람들과 지옥을 보았다는 사람들이 말하는 지옥에 그런 고통이 있다면 그 사실들을 기록했어야 하는데 한 군데도 그런 말이 없습니다. 요한계시록뿐 아니라 성경 어디에도 그런 말씀이 없습니다.

즉 구렁이가 친친 감고 있다든지, 사람들을 기름 가마에 튀겨낸다든지, 끓는 가마솥에 삶고 있다든지, 구더기가 파먹고 있다든지, 송충이가 온몸에 붙어 있다든지 하는 얘기들 말입니다.

계시록에는 오직 '불과 유황으로 타는 못(池)'이라고만 했습니다.

"사망과 음부도 불못에 던져지니 이것이 둘째 사망 곧 불못이라 누구든지 생명책에 기록되지 못한 자는 불못에 던져지더라"(계 20:14-15).

"……불과 유황으로 타는 못에 던져지리니 이것이 둘째 사망이라"(계 21:8 하반절).

요한이 본 것은 '유황불 못(池)'이 전부입니다.

주님께서 지상에 계실 때도 부자와 나사로의 비유를 말씀하시면서 부자는 불꽃 가운데 괴로움을 당하고 있다고 하셨습니다(눅 16:24). 또 마가복음 9장 48절에도 천국에 들어가기를 힘쓰라고 하시면서 '지옥은 불도 꺼지지 않는다'고 하셨습니다(거기에서는 구더기도 죽지 않는다고 하셨는데, 그 말씀은 구더기가 있다는 말쏨이 아니라 사망까지 거두어 가시어서 죽으려고 해도 죽을 수가 없는 영원한 고통에 대한 우회적인 말씀입니다).

뿐만 아니라 마태복음 3장 12절 말씀을 보면 "손에 키를 들고 자기의 타작 마당을 정하게 하사 알곡은 모아 곳간에 들이고 쭉정이는 꺼지지 않는 불에 태우시리라"고 했습니다. 여기에서도 '꺼지지 않는 불'이라고 했습니다.

또 마태복음 13장 49-50절에서도 "세상 끝에도 이러하리라 천사들이 와서 의인 중에서 악인을 갈라내어 풀무 불에 던져 넣으리니 거기서 울며 이를 갈리라"고 하셨습니다.

그래서 저들이 말하는 그런 지옥은 허황된 상상의 지옥입니다.

지옥은 오직 불과 유황으로 타는 불 못입니다.

그것도 영원토록 꺼지지 않는 불못 즉 불구덩이입니다.

다음으로 개종한 목사들과 거기에 영향을 받은 사람들, 그리고 지옥을 보았다고 말하는 사람들의 또 한 가지 오류는, 귀신들을 마치 하나님의 심판을 집행하는 집행관으로 말하고 있습니다.

마귀들(마귀라는 말은 히브리어로 싸탄〔사탄〕인데 사탄은 단수〔單數〕로 모든 귀신과 악한 영들의 총 우두머리로 표현상 사람들이 마귀들이라고 함. 마귀, 옛뱀, 용 등 이 모든 이름은 사탄을 일컬음)이 삼지창을 가지고 사람들을 찌르고, 기름 가마에 튀겨내고, 가마솥에 삶아낸다고 하며 통닭구이처럼 구운다는 말을 합니다. 뿐만 아니라 끊임없이 몽둥이로 두들겨 팬다고 말합니다.

그런데 요한계시록 19장 20절을 보면 "짐승이 잡히고 그 앞에서 표적을 행하던 거짓 선지자도 함께 잡혔으니 이는 짐승의 표를 받고 그의 우상에게 경배하던 자들을 표적으로 미혹하던 자라 이 둘이 산 채로 유황불 붙는 못에 던져지고"라고 했을 뿐만 아니라 요한계시록 20장 10절에 "또 그들을 미혹하는 마귀가 불과 유황 못에 던져지니 거기는 그 짐승과 거짓 선지자도 있어 세세토록 밤낮 괴로움을 받으리라"고 했습니다.

사탄도, 짐승 곧 적그리스도도 그리고 그의 거짓 선지자도 다 불못에 들어가서 영원토록 고통을 당한다고 했는데, 마귀가 집행관이라고 말하고 있으니 잘못되었습니다.

하나님을 끊임없이 대적한 영원한 원수요, 우리 성도들을 일평생 동안 참소했을 뿐 아니라 세상 모든 권세를 동원해서 교회를 말살하려 했던, 그리고 모든 악의 근원인 마귀가 하나님의 심판을 집행한다는 것은 상식적으로도 맞지 않습니다. 그러나 상식보다는 하나님의 말씀에 그런 증거가 없기 때문에 그들의 주장은 허황된 것입니다. 사탄은 가장 먼저 심판을 받을 대상자일 뿐입니다.

그리고 저들이 말하는 또 하나의 오류는, 사망책이 있는데 지옥은 그 책에 기록되어 있는 사람이 간다고 합니다. 지옥에서 마귀가 그곳에 들어온 사람들의 이름이 사망책에 있는지 확인한다고 말을 합니다. 그러나 성경 어디에도 사망책이라는 말은 없습니다. 지옥은 생명책에 기록되지 못한 사람들이 가는 곳입니다.

> "누구든지 생명책에 기록되지 못한 자는 불못에 던져지더라"(계 20:15).
> "오직 어린 양의 생명책에 기록된 자들만(천국에-필자 주) 들어가리라"(계 21:27 하반절).

이 말씀은 생명책에 기록되지 못한 자는 지옥에 간다는 말씀입니다. 하나님 앞에는 두 종류의 책이 있을 뿐입니다.

"……책들이 펴 있고 또 다른 책이 펴졌으니 곧 생명책이라 죽은 자들이 자기 행위를 따라 책들에 기록된 대로 심판을 받으니"(계 20:12).

그러니까 생명책과 행위의 책이 있을 뿐입니다. 생명책은 구원받은 성도들의 이름이 기록되어 있고, 다른 책 하나는 성도들의 행위를 기록한 책입니다 (단 7:10).

저들의 주장대로 한다면 하나님께서 실수해서 지옥 가서는 안 될 사람을 지옥에 보냈는데, 그 사람의 이름이 사망책에 없어서 마귀가 지옥에서 내보냈다는 말이 됩니다. 그렇다고 하면 지옥에 갈 자들의 최종 승인은 마귀가 한다는 논리입니다.

더구나 앞서 언급한 대로 마귀는 가장 먼저 심판을 받고 있는데 무슨 책을 뒤지고 있겠습니까?

성경에 없는 말을 하는 것은 그가 비록 죽었다가 살아나서 말할지라도 잘못된 것입니다.

오직 성경, 곧 기록된 하나님의 말씀뿐입니다. 기록된 하나님의 말씀만이 모든 이상과 체험의 진정성을 분별하는 유일한 기준입니다.

🌸 나의 소명(召命)

주님의 부르심의 특별한 체험을 가슴속에 간직한 채 35년을 달려왔습니다. 그 누구에게도 이 부르심의 방법을 얘기하지 않았습니다. 제 가슴속 깊이깊이 간직하고 있었습니다.

그러다 기독교방송에 출연해서 대담하던 중 진행하신 목사님이 어떻게 목회자가 되었느냐는 질문에 저도 모르게 소명에 대한 얘기를 했습니다.

그 얘기를 하고 나서 얼마나 후회가 되었는지 모릅니다. 마치 대대로 내려온 가보를 잃어버린 느낌이 이런 것일까 했습니다. 35년 동안 혼자 간직하고 있었던 것인데 말입니다. 너무나 허탈해서 얼마 동안 일이 손에 잡히지 않을 정도였습니다.

어차피 공개된 것이라서 이렇게 여기에 올리게 된 것입니다. 십자가를 지고 주님을 따르라는 말씀이 어찌 저 혼자에게만 하시는 말씀이겠습니까? 주의 일에 나선 모든 분들에게도 동일한 말씀이 아니겠습니까? 그래서 이렇게 올려놓습니다.

아버지께서는 제가 태어난 지 20일 만에 하나님의 부르심을 받고 목회의 길에 들어서서 죽도록 충성을 다하셨습니다. 그때는 미국 선교부에서 임지도 정해서 보냈는데 당연히 교회가 우선일 수밖에 없는 관계로 항상 극빈의 생활을 해야 했습니다. 그러나 아버지께서는 어느 교회로 보냄을 받아 가시든지 심혈을 기울여 목회하셨고, 그로 인해 교회가 곧 힘을 얻게 되면(세속적인 말로 이제 밥 좀 먹고 살 만하면) 다시 어려운 교회로 보냈습니다.

어떤 예배당은 천장도 없고 어떤 곳은 마루도 없는, 그래서 거적을 펴고 예배드리는 곳들로 보냈습니다. 그래서 굶는 날이 먹는 날보다 많을 정도의 극빈의 생활을 하는 시골교회 전도사의 가정에서 자랐으니, 제게 목회자의 길이 참으로 고단하게 보인 건 당연합니다.

그런데다 어떤 성도들은 주의 종을 마치 자신의 종으로 여길 만큼의 무지로, 목회자의 험한 가시밭길이 십자가의 길이라는 사실을 알지 못했던 제가 목회자가 되라는 부모님의 말씀이 귀에 들어올 리가 없었습니다. 오히려 그럴 때마다 더더욱 빗나간 길로 갔었습니다.

부모님께서는 아들을 낳을 때마다 하나님의 종으

로 다 바쳤습니다. 그래서 제 위로 세 분의 형님들께서는 부모님의 뜻에 따라 목회자가 되었지만 저는 "너를 하나님의 종으로 이미 바쳤다"라고 하시면서 강요하신 부모님께 "만일 두 번 다시 목회하라고 하시면 차라리 죽어 버리겠다"라고 손가락을 깨물어 혈서를 써놓고 입대해 버렸습니다. 저는 어려서부터 무엇을 하겠다고 하면 꼭 하는 성격이라서 그런지 부모님께서 그 이후로 목회자가 되라는 말씀을 차마 하지 못하셨습니다.

전역을 하고 부산에서 생활하는데 하나님께서 제가 가는 길을 열어주실 리가 없었습니다. 방탕한 생활로 정말 극한의 삶을 살았지만 그래도 목회자가 된다는 것은 꿈도 꾸지 않았습니다. 꿈을 꾸는 것 자체를 싫어했다고 해야 더 옳을 것입니다. 정말로 죽어도 목회자는 되지 않겠다고 했었습니다.

그러던 어느 날 전보를 통해 어머니께서 많이 편찮으시니 다녀가라는 아버지의 말씀이 계셔서 급히 달려왔는데 다행히 그렇게 많이 편찮으시지는 않았습니다.

그날 밤 잠자리에 들어 이상한 꿈을 꾸었습니다. 한 천사가 한쪽 손에는 남자들 머리에 바르는 포마드(머릿기름)를 가지고 있었고, 다른 한쪽 손에는 머리에 쓰는 것인데 금으로 만든 것을 가지고 있으면서 이것은 세상에서 구할 수가 없다고 했습니다. 그래서 달라고 했으나 거절하기에 어디서 구했는지 모르지만 권총을 들이대고 "주지 않으면 쏴 죽여 버리겠다" 하고서 빼앗았습니다.

아침에 아버지께 지난밤 꿈 얘기를 말씀드렸더니

무릎을 치시면서 해몽해 주시기를 머릿기름은 제사장을 세울 때 쓰는 것으로 너를 제사장 삼으시겠다는 뜻이고, 금으로 만든 관은 네게 주시려고 예비하신 상급이라고 하시며 목회를 하라고 하셨습니다. 그 말씀을 들으니 그 말씀도 일리가 있다고 생각했을 뿐 그렇다고 해도 완고한 저의 마음은 움직이지 않았습니다.

하룻밤 후에 다시 꿈을 꾸는데 꿈속에서 "예수님이 오신다"라는 음성이 들렸습니다. 현실 같으면 쥐구멍이라도 들어갈 텐데 꿈속이라서 후다닥 뛰어나갔습니다. 그런데 예수님이라고 오신 분이 세상에서는 볼 수 없는 거지 중의 거지였습니다. 옷은 다 해어졌고 신발도 신지 못한 모습으로 사택으로 들어오시는데 예수님은 예수님이셨습니다.

방에 들어오셔서 마치 제자들과 마지막 만찬을 하신 것처럼 한 상에 둘러앉아 식사를 하신 후 "가자 내가 너를 위해 기도하마" 하시고 제 방으로 건너오셨습니다. 그 방은 사용하지 않던 방으로 한쪽 귀퉁이에 고구마 두지(뒤주)를 해두었는데, 예수님께서 겟세마네 동산의 기도하시는 모습으로 두 손을 모으시고 하늘을 향해 기도하셨습니다. 그때 저는 건방지게 의자에 다리를 꼬고 앉아 구경하고 있었습니다. 주님께서 한참을 기도하신 후 예수님 이름으로 기도한다는 말씀이 없이 그냥 기도를 마치셨습니다. 당연히 주님께서 자신의 이름으로 기도하실 리가 없습니다.

 그렇게 예수님께서 기도를 마치신 후 꿈에서 깨어났는데 마치 저의 마음을 무엇으로 휘저어 놓은 것

같았습니다. 그래서 아버지께 지난밤 꿈 얘기를 드렸더니 "그래도 주의 일 하지 않겠느냐"라고 하셔서 결국 거꾸러졌습니다. 그날 인생의 허무함이 물밀듯 밀려오는데, 내가 세상의 모든 것을 다 얻었다고 해도 결국 내 인생에 남는 것이 무엇이냐는 생각이 들어 한없이 눈물이 나는데 주체할 수가 없었습니다. 종일토록 울고 또 울었습니다.

그런데 갑작스레 주님께서 제 아버지를 제법 규모가 큰 교회로 옮기신 것입니다. 그랬더니 성도들이 "자녀들 가운데 목회하는 자녀들 많으니까 자식 가운데 한 자식을 여기에 데려다 놓고 가시라"고 해서 그러면 "이 넷째(제가 아들 가운데 넷째)가 목회를 하려고 하는데 여기서 하게 하겠느냐"라고 하자 그렇게 하라고 했습니다. 그래서 저는 신학교는커녕 성경학교도 가지 않고 바로 전도인으로 목회를 시작했습니다.

그렇게 부름 받아 목회를 하는데 어떻게나 주님께서 역사해 주시는지 교회는 불같이 부흥이 되었습니다. 그리고 이웃 교회가 이단(여호와세일교회)에 빠져 있었는데, 그들과 싸워 굴복시켜 교회를 되찾게 하시고 병든 자들, 귀신들린 자들이 벌떡벌떡 일어나는 등 초대교회의 역사가 있었습니다.

뿐만 아니라 일명 창가학회(創價學會)라는 남묘호렌게교(南無妙法蓮華經)가 있었는데 당시 교회들이 많은 피해를 봤습니다. 그 남묘호렌게교가 성전 바로 밑에 있었는데 그 책임자가 갑작스럽게 죽어버리므로 와해돼버렸습니다. 훗날 들은 얘기입니다만 함께 군내(郡內)에서 목회를 했던 친구가 남묘호렌게쿄 때문에 골치가 아팠는데 그 무렵 어느 날부터 시들어져버렸다고 하면서 '그런 일 때문이었구나' 라고 했습니다. 그 남묘호렌게쿄를 주님의 권능으로 무너지게 해 달라고 한 달간 작정기도 했더니 말입니다.

  그렇게 목회를 하고 있으면서도 3년 동안 내 마음을 짓눌린 갈등이 있었는데, 꿈에서 본 예수님과 성경에서 말하는 예수님이 맞지를 않는 것입니다. 평소 아버지께서는 아무리 개인적인 체험이 있을지라도 반드시 성경과 비교해 보라고 하시면서 성경과 맞지 않을 때는 자신의 모든 체험을 버리라는 말씀을 하셨습니다. 그래서 그 말씀을 듣고 자랐기 때문에 갈등이 된 것입니다.

요한계시록을 보면 예수님은 끌리는 옷을 입으시고, 허리에 금띠를 띠셨으며, 발은 빛난 주석 같으시고, 머리털은 양털과 같이 희시며, 얼굴은 해와 같이 빛난 분이라고 하셨습니다. 그런데 제게 나타나신 예수님은 세상에서 찾아볼 수 없을 정도의 거지였으니 몹시 혼란스러웠습니다. 교회는 불같이 일어나고 있으면서도 지난 3년 내내 심한 갈등을 하고 있었습니다.

주님의 예정하심을 알지 못해서 곁길로 갔다가 주님의 특별하신 방법으로 부르심을 받았기에 그런 갈등을 하면서도 불철주야 뛰어다녔습니다. 목회가 무엇인지 하나님의 일을 어떻게 해야 하는지 잘 알지도 못하면서 말입니다.

그렇게 갈등하던 중 어느 날 주님께서 밝히 말씀

하시는데 "나는 네게 복음서의 내 모습으로 갔었는데 너는 왜 계시록의 내 모습을 생각하느냐? 계시록의 내 모습은 세상을 심판하러 갈 모습이니라. 복음서의 내 모습을 보아라. 내가 언제 따뜻한 음식을 먹었느냐? 내가 언제 편히 쉬기를 했느냐? 내가 언제 대접을 받았느냐? 헐벗고 굶주리지 않았느냐? 너도 나를 따라오는 길이 그 길인 줄 알게 하기 위해서 복음서의 모습으로 네게 갔은즉 나를 따라오다가 힘들고 괴로울 때마다 너를 위해 그렇게 헐벗고 굶주리고 매 맞은 나를 생각하여라"고 밝히 말씀하셨습니다.

그래서 즉시 갈등을 접고 부족하기 이를 데 없지만 지금까지 교회를 옮기면서 청빙이 결정되기 전에는 교회를 방문하지 않았습니다. 아무래도 자녀를

양육함에 있어서 교육환경을 보게 되는데 그것은 어디까지나 인간적인 것으로 내 생각이 지배적으로 영향을 미치기 때문입니다. 그리고 교회를 옮기면서도 사례비가 어떻게 되는지 관심이 없었습니다. 주님께서 내게 보이신 모습이 헐벗고 굶주린 모습으로 십자가를 지고 따라오라고 하셨기 때문입니다.

그렇게 부르심을 받아 전도인으로 목회를 4년 하다가 호남신학대학교를 거쳐 장신대원 목연을 마치고 목사 안수를 받아 오늘에 이르고 있습니다.

내 어머니가 본 천국과 지옥
-강정님 권사의 입신의 실례들과 배경

2015년 3월 20일 _ 1판 1쇄 발행
2015년 12월 18일 _ 개정증보판 1쇄 발행
2019년 1월 15일 _ 개정증보판 2쇄 발행

지은이 _ 김성규
펴낸이 _ 이형규
펴낸곳 _ 쿰란출판사

주소 _ 서울특별시 종로구 이화장길 6
편집부 _ 745-1007, 745-1301~2, 747-1212, 743-1300
영업부 _ 747-1004, FAX 745-8490
본사평생전화번호 _ 0502-756-1004
홈페이지 _ http://www.qumran.co.kr
E-mail _ qrbooks@gmail.com / qrbooks@daum.net
한글인터넷주소 _ 쿰란, 쿰란출판사
등록 _ 제1-670호(1988.2.27)
책임교열 _ 신영미·오완

© 김성규 2015 ISBN 978-89-6562-831-6 03230

책값은 뒤표지에 있습니다.
이 출판물은 저작권법에 의해 보호를 받는 저작물이므로 무단 복제할 수 없습니다.
파본(破本)은 구입처에서 교환해 드립니다.